Friedrich Nietzsche
Der tanzende Stern

Friedrich Nietzsche

Der tanzende Stern

Aphorismen

Ausgewählt und herausgegeben
von Kai Kilian

ANACONDA

Die Texte dieses Bandes folgen der Ausgabe *Werke in drei Bänden*. Herausgegeben von Karl Schlechta. München 1954–56. Orthografie und Interpunktion wurden der neuen deutschen Rechtschreibung angeglichen.

Siglenverzeichnis

A: Der Antichrist (1895)
EH: Ecce homo (postum 1908)
FW: Die fröhliche Wissenschaft (1882)
GD: Götzen-Dämmerung (1889)
JGB: Jenseits von Gut und Böse (1886)
M: Morgenröte (1881)
MA: Menschliches, Allzumenschliches (1878/79)
UB: Unzeitgemäße Betrachtungen (1873–76)
Z: Also sprach Zarathustra (1883–85)

Die Deutsche Nationalbibliothek verzeichnet diese Publikation in der Deutschen Nationalbibliografie; detaillierte bibliografische Daten sind im Internet unter http://dnb.d-nb.de abrufbar.

© 2011 Anaconda Verlag GmbH, Köln
Alle Rechte vorbehalten.
Umschlagmotiv: Trygve Skogrand, »Pattern of Angels«, 2008
(digital collage), Private Collection / bridgemanart.com
Umschlaggestaltung: Druckfrei. Dagmar Herrmann, Köln
Satz und Layout: InterMedia, Ratingen
Printed in Czech Republic 2011
ISBN 978-3-86647-601-1
www.anacondaverlag.de
info@anaconda-verlag.de

Inhalt

DER MENSCH
UNTER MENSCHEN

Der Unterleib ist der Grund dafür, dass der Mensch sich nicht so leicht für einen Gott hält. JGB 141

Vielleicht ist das ganze Menschentum nur eine Entwicklungsphase einer bestimmten Tierart von begrenzter Dauer: sodass der Mensch aus dem Affen geworden ist und wieder zum Affen werden wird, während niemand da ist, der an diesem verwunderlichen Komödien-Ausgang irgendein Interesse nehme. Aus: MA I 247

Wenn man erwägt, dass der Mensch manche Hunderttausend Jahre lang ein im höchsten Grade der Furcht zugängliches Tier war und dass alles Plötzliche, Unerwartete ihn kampfbereit, vielleicht todesbereit sein hieß, ja dass selbst später, in sozialen Verhältnissen, alle Sicherheit auf dem Erwarteten, auf dem Herkommen in Meinung und Tätigkeit beruhte, so darf man sich nicht wundern, dass bei allem Plötzlichen, Unerwarteten in Wort und Tat, wenn es ohne Gefahr und Schaden hereinbricht, der Mensch ausgelassen wird, ins Gegenteil der Furcht übergeht: Das vor Angst zitternde, zusammengekrümmte Wesen schnellt empor, entfaltet sich weit – der Mensch lacht. Diesen Übergang aus momentaner Angst in kurz dauernden Übermut nennt man das *Komische*. Aus: MA I 169

Ich fürchte, die Tiere betrachten den Menschen als ein Wesen ihresgleichen, das in höchst gefährlicher Weise den gesunden Tierverstand verloren hat – als das wahnwitzige Tier, als das lachende Tier, als das weinende Tier, als das unglückselige Tier. FW 224

Wenn der Mensch vor Lachen wiehert, übertrifft er alle Tiere durch seine Gemeinheit. MA I 553

Lachen heißt: schadenfroh sein, aber mit gutem Gewissen. FW 200

Zu den Dingen, welche einen Denker in Verzweifelung bringen können, gehört die Erkenntnis, dass das Unlogische für den Menschen nötig ist und dass aus dem Unlogischen vieles Gute entsteht. Es steckt so fest in den Leidenschaften, in der Sprache, in der Kunst, in der Religion und überhaupt in allem, was dem Leben Wert verleiht, dass man es nicht herausziehen kann, ohne damit diese schönen Dinge heillos zu beschädigen. Es sind nur die allzu naiven Menschen, welche glauben können, dass die Natur des Menschen in eine rein logische verwandelt werden könne; wenn es aber Grade der Annäherung an dieses Ziel geben sollte, was würde da nicht alles auf diesem Wege verloren gehen müssen! Auch der vernünftigste Mensch bedarf von Zeit zu Zeit wieder

der Natur, das heißt seiner *unlogischen Grundstellung zu allen Dingen.* MA I 31

Wie wenig Lust genügt den meisten, um das Leben gut zu finden, wie bescheiden ist der Mensch!

MA II, Der Wanderer und sein Schatten 15

Wer viel Freude hat, muss ein guter Mensch sein: Aber vielleicht ist er nicht der klügste, obwohl er gerade das erreicht, was der Klügste mit aller seiner Klugheit erstrebt.

MA II, Vermischte Meinungen und Sprüche 48

Die Mutter der Ausschweifung ist nicht die Freude, sondern die Freudlosigkeit.

MA II, Vermischte Meinungen und Sprüche 77

Ein einziger freudloser Mensch genügt schon, um einem ganzen Hausstande dauernden Missmut und trüben Himmel zu machen; und nur durch ein Wunder geschieht es, dass dieser eine fehlt! – Das Glück ist lange nicht eine so ansteckende Krankheit – woher kommt das? FW 239

Der Einwand, der Seitensprung, das fröhliche Misstrauen, die Spottlust sind Anzeichen der Gesundheit: Alles Unbedingte gehört in die Pathologie. JGB 154

Es ist an der Zeit, dass der Mensch sich sein Ziel stecke. Es ist an der Zeit, dass der Mensch den Keim seiner höchsten Hoffnung pflanze. / Noch ist sein Boden dazu reich genug. Aber dieser Boden wird einst arm und zahm sein, und kein hoher Baum wird mehr aus ihm wachsen können. / Wehe! Es kommt die Zeit, wo der Mensch nicht mehr den Pfeil seiner Sehnsucht über den Menschen hinauswirft, und die Sehne seines Bogens verlernt hat zu schwirren! / Ich sage euch: Man muss noch Chaos in sich haben, um einen tanzenden Stern gebären zu können. Ich sage euch: Ihr habt noch Chaos in euch.

Aus: Z, Zarathustras Vorrede 5

Alle sehr individuellen Maßregeln des Lebens bringen die Menschen gegen den, der sie ergreift, auf; sie fühlen sich durch die außergewöhnliche Behandlung, welche jener sich angedeihen lässt, erniedrigt, als gewöhnliche Wesen. MA I 495

Wer tief in die Welt gesehen hat, errät wohl, welche Weisheit darin liegt, dass die Menschen oberflächlich sind. Es ist ihr erhaltender Instinkt, der sie lehrt, flüchtig, leicht und falsch zu sein. Aus: JGB 59

Der eine hält eine Meinung fest, weil er sich etwas darauf einbildet, von selbst auf sie gekommen zu sein, der andere, weil er sie mit Mühe gelernt hat und stolz darauf ist, sie begriffen zu haben: beide also aus Eitelkeit.

MA I 527

Die Eitelkeit andrer geht uns nur dann wider den Geschmack, wenn sie wider unsre Eitelkeit geht.

JGB 176

Ein Mensch, der nach Großem strebt, betrachtet jedermann, dem er auf seiner Bahn begegnet, entweder als Mittel oder als Verzögerung und Hemmnis – oder als zeitweiliges Ruhebett. Seine ihm eigentümliche hochgeartete *Güte* gegen Mitmenschen ist erst möglich, wenn er auf seiner Höhe ist und herrscht. Die Ungeduld und sein Bewusstsein, bis dahin immer zur Komödie verurteilt zu sein – denn selbst der Krieg ist eine Komödie und verbirgt, wie jedes Mittel den Zweck verbirgt –, verdirbt ihm jeden Umgang: Diese Art Mensch kennt die Einsamkeit und was sie vom Giftigsten an sich hat.

JGB 273

Ein Mensch, der schnell und viel spricht, sinkt außerordentlich tief in unserer Achtung, nach dem kürzesten Verkehre, und selbst wenn er verständig spricht – nicht nur in dem Maße, als er lästig fällt, sondern weit tiefer. Denn wir erraten, wie vielen

Menschen er schon lästig gefallen ist, und rechnen zu dem Missbehagen, das er macht, noch die Missachtung hinzu, welche wir für ihn voraussetzen.

M 225

Wie die Knochen, Fleischstücke, Eingeweide und Blutgefäße mit einer Haut umschlossen sind, die den Anblick des Menschen erträglich macht, so werden die Regungen und Leidenschaften der Seele durch die Eitelkeit umhüllt: Sie ist die Haut der Seele.

MA I 82

Vor uns selbst stellen wir uns alle einfältiger als wir sind: Wir ruhen uns so von unsern Mitmenschen aus.

JGB 100

Warum haben wir nach gewöhnlichen Gesellschaften Gewissensbisse? Weil wir wichtige Dinge leicht genommen haben, weil wir bei der Besprechung von Personen nicht mit voller Treue gesprochen oder weil wir geschwiegen haben, wo wir reden sollten, weil wir gelegentlich nicht aufgesprungen und fortgelaufen sind, kurz, weil wir uns in der Gesellschaft benahmen, als ob wir zu ihr gehörten.

MA I 351

Er hat einen Mangel an Anmut und weiß es: Oh, wie er es versteht, dies zu maskieren! Durch strenge

Tugend, durch Düsterkeit des Blickes, durch ange-
nommenes Misstrauen gegen die Menschen und das
Dasein, durch derbe Possen, durch Verachtung der
feineren Lebensart, durch Pathos und Ansprüche,
durch zynische Philosophie – ja, er ist zum Charakter geworden, im steten Bewusstsein seines Mangels.

M 266

Charaktervoll erscheint ein Mensch weit häufiger,
weil er immer seinem Temperament, als weil er
immer seinen Prinzipien folgt.   MA I 485

Sehr klugen Personen fängt man an zu misstrauen,
wenn sie verlegen werden.   JGB 88

Wer tiefer denkt, weiß, dass er immer unrecht hat,
er mag handeln und urteilen, wie er will.   MA I 518

Der Eitle will nicht sowohl hervorragen, als sich
hervorragend fühlen; deshalb verschmäht er kein
Mittel des Selbstbetrugs und der Selbstüberlistung.
Nicht die Meinung der anderen, sondern seine Meinung von deren Meinung liegt ihm am Herzen.

MA I 545

Wer die Eitelkeit bei sich leugnet, besitzt sie
gewöhnlich in so brutaler Form, dass er instinktiv

vor ihr das Auge schließt, um sich nicht verachten zu müssen. MA II, Vermischte Meinungen und Sprüche 38

Die Verachtung durch andere ist dem Menschen empfindlicher als die durch sich selbst. MA I 549

Unsere gewöhnliche Stimmung hängt von der Stimmung ab, in der wir unsere Umgebung zu erhalten wissen. M 283

Die Menschen durchleben jetzt alle zu viel und durchdenken zu wenig: Sie haben Heißhunger und Kolik zugleich und werden deshalb immer magerer, so viel sie auch essen. – Wer jetzt sagt: *Ich habe nichts erlebt* – ist ein Dummkopf.

MA II, Der Wanderer und sein Schatten 203

Wir suchen unbewusst die Grundsätze und Lehrmeinungen, welche unserem Temperamente angemessen sind, sodass es zuletzt so aussieht, als ob die Grundsätze und Lehrmeinungen unseren Charakter geschaffen, ihm Halt und Sicherheit gegeben hätten: während es gerade umgekehrt zugegangen ist. Unser Denken und Urteilen soll nachträglich, so scheint es, zur Ursache unseres Wesens gemacht werden: Aber tatsächlich ist unser Wesen die Ursache, dass wir so und so denken und urteilen. –

Und was bestimmt uns zu dieser fast unbewussten Komödie? Die Trägheit und Bequemlichkeit und nicht am wenigsten der Wunsch der Eitelkeit, durch und durch als Konsistent, in Wesen und Denken einartig erfunden zu werden: Denn dies erwirbt Achtung, gibt Vertrauen und Macht.   MA I 608

Tiefdenkende Menschen kommen sich im Verkehr mit andern als Komödianten vor, weil sie sich da, um verstanden zu werden, immer erst eine Oberfläche anheucheln müssen.

MA II, Vermischte Meinungen und Sprüche 232

Entweder verstecke man seine Meinungen, oder man verstecke sich hinter seine Meinungen. Wer es anders macht, der kennt den Lauf der Welt nicht oder gehört zum Orden der heiligen Tollkühnheit.

MA II, Vermischte Meinungen und Sprüche 338

Das, was wir von uns selber wissen und im Gedächtnis haben, ist für das Glück unseres Lebens nicht so entscheidend, wie man glaubt. Eines Tages stürzt das, was *andere* von uns wissen (oder zu wissen meinen), über uns her – und jetzt erkennen wir, dass es das Mächtigere ist. Man wird mit seinem schlechten Gewissen leichter fertig als mit seinem schlechten Rufe.   FW 52

Alle Menschen, die man lange im Vorzimmer seiner Gunst stehen lässt, geraten in Gärung oder werden sauer. MA II, Vermischte Meinungen und Sprüche 255

Man sieht sich selber immer einige Schritte zu nah; und den Nächsten immer einige Schritte zu fern. So kommt es, dass man ihn zu sehr in Bausch und Bogen beurteilt und sich selber zu sehr nach einzelnen gelegentlichen unbeträchtlichen Zügen und Vorkommnissen. MA II, Vermischte Meinungen und Sprüche 387

Es hat große Vorteile, seiner Zeit sich einmal in stärkerem Maße zu entfremden und gleichsam von ihrem Ufer zurück in den Ozean der vergangenen Weltbetrachtungen getrieben zu werden. Von dort aus nach der Küste zu blickend, überschaut man wohl zum ersten Male ihre gesamte Gestaltung und hat, wenn man sich ihr wieder nähert, den Vorteil, sie besser im Ganzen zu verstehen als die, welche sie nie verlassen haben. MA I 616

Ein Mensch, der über seinen Jähzorn, seine Gall- und Rachsucht, seine Wollust nicht Meister werden will und es versucht, irgendworin sonst Meister zu werden, ist so dumm wie der Ackermann, der neben einem Wildbach seine Äcker anlegt, ohne sich gegen ihn zu schützen. MA II, Der Wanderer und sein Schatten 65

Wenn man sich an einem Gegner durchaus *rächen* will, so soll man so lange warten, bis man die ganze Hand voll Wahrheiten und Gerechtigkeiten hat und sie gegen ihn ausspielen kann, mit Gelassenheit: sodass Rache üben mit Gerechtigkeit üben zusammenfällt. Es ist die furchtbarste Art der Rache, denn sie hat keine Instanz über sich, an die noch appelliert werden könnte.

Aus: MA II, Der Wanderer und sein Schatten 237

Im Beifall ist immer eine Art Lärm: selbst in dem Beifall, den wir uns selber zollen. FW 201

Der eine sucht einen Geburtshelfer für seine Gedanken, der andre einen, dem er helfen kann: So entsteht ein gutes Gespräch. JGB 136

Im Zwiegespräch der Gesellschaft werden drei Viertel aller Fragen gestellt, aller Antworten gegeben, um dem Unterredner ein klein wenig wehzutun; deshalb dürsten viele Menschen so nach Gesellschaft: Sie gibt ihnen das Gefühl ihrer Kraft. In solchen unzähligen, aber sehr kleinen Dosen, in welchen die Bosheit sich geltend macht, ist sie ein mächtiges Reizmittel des Lebens: ebenso wie das Wohlwollen, in gleicher Form durch die Menschenwelt hin verbreitet, das allezeit bereite Heilmittel ist. Aus: MA I 50

Die gewöhnlichste Lüge ist die, mit der man sich selbst belügt; das Belügen andrer ist relativ der Ausnahmefall.

Aus: A 55

In einer so hoch entwickelten Menschheit, wie die jetzige ist, bekommt von Natur jeder den Zugang zu vielen Talenten mit. Jeder *hat angeborenes Talent*, aber nur wenigen ist der Grad von Zähigkeit, Ausdauer, Energie angeboren und anerzogen, sodass er wirklich ein Talent *wird*, also wird, was er *ist*, das heißt: es in Werken und Handlungen entladet.

MA I 263

Jeder der seinen Geist zeigen will, lässt merken, dass er auch reichlich vom Gegenteil hat.

Aus: MA II, Der Wanderer und sein Schatten 93

Das Talent manches Menschen erscheint geringer, als es ist, weil er sich immer zu große Aufgaben gestellt hat.

MA I 538

Das Bedürfnis zwingt uns zur Arbeit, mit deren Ertrage das Bedürfnis gestillt wird; das immer neue Erwachen der Bedürfnisse gewöhnt uns an die Arbeit. In den Pausen aber, in welchen die Bedürfnisse gestillt sind und gleichsam schlafen, überfällt uns die Langeweile. Was ist diese? Es ist die Gewöhnung an Arbeit überhaupt, welche sich jetzt als neues, hinzukommendes Bedürfnis geltend macht; sie wird umso stärker sein, je stärker jemand gewöhnt ist zu arbeiten, vielleicht sogar je stärker jemand an Bedürfnissen gelitten hat. Um der Langeweile zu entgehen, arbeitet der Mensch entweder über das Maß seiner sonstigen Bedürfnisse hinaus oder er erfindet das Spiel, das heißt die Arbeit, welche kein anderes Bedürfnis stillen soll als das nach Arbeit überhaupt. Wer des Spieles überdrüssig geworden ist und durch neue Bedürfnisse keinen Grund zur Arbeit hat, den überfällt mitunter das Verlangen nach einem dritten Zustand, welcher sich zum Spiel verhält wie Schweben zum Tanzen, wie Tanzen zum Gehen – nach einer seligen, ruhigen Bewegtheit: Es ist die Vision der Künstler und Philosophen von dem Glück.

MA I 611

Und wer unter Menschen nicht verschmachten will, muss lernen, aus allen Gläsern zu trinken; und wer unter Menschen rein bleiben will, muss verstehn, sich auch mit schmutzigem Wasser zu waschen.

Aus: Z, Von der Menschenklugheit

Weil Zeit zum Denken und Ruhe im Denken fehlt, so erwägt man abweichende Ansichten nicht mehr: Man begnügt sich, sie zu hassen. Bei der ungeheuren

Beschleunigung des Lebens wird Geist und Auge an ein halbes oder falsches Sehen und Urteilen gewöhnt, und jedermann gleicht den Reisenden, welche Land und Volk von der Eisenbahn aus kennenlernen.

Aus: MA I 282

Daraus, dass einer ein großer Mann ist, darf man noch nicht schließen, dass er ein Mann ist; vielleicht ist es nur ein Knabe, oder ein Chamäleon aller Lebensalter, oder ein verhextes Weiblein.   FW 208

Was wir tun, wird nie verstanden, sondern immer nur gelobt und getadelt.   FW 264

Man leidet wenig an versagten Wünschen, wenn man seine Phantasie geübt hat, die Vergangenheit zu verhässlichen.   MA I 563

Wenn man etwas ist, so braucht man eigentlich nichts zu machen – und tut doch sehr viel. Es gibt über dem *produktiven* Menschen noch eine höhere Gattung.   Aus: MA I 210

Den Tätigen fehlt gewöhnlich die höhere Tätigkeit: Ich meine die individuelle. Sie sind als Beamte, Kaufleute, Gelehrte, das heißt als Gattungswesen tätig, aber nicht als ganz bestimmte einzelne und einzige Menschen; in dieser Hinsicht sind sie faul. – Es ist das Unglück der Tätigen, dass ihre Tätigkeit fast immer ein wenig unvernünftig ist. Man darf zum Beispiel bei dem geldsammelnden Bankier nach dem Zweck seiner rastlosen Tätigkeit nicht fragen: Sie ist unvernünftig. Die Tätigen rollen, wie der Stein rollt, gemäß der Dummheit der Mechanik. – Alle Menschen zerfallen, wie zu allen Zeiten, so auch jetzt noch, in Sklaven und Freie; denn wer von seinem Tage nicht zwei Drittel für sich hat, ist ein Sklave, er sei übrigens wer er wolle: Staatsmann, Kaufmann, Beamter, Gelehrter. MA I 283

Der Wechsel von Liebe und Hass bezeichnet für eine lange Zeit den inneren Zustand eines Menschen, welcher frei in seinem Urteile über das Leben werden will; er vergisst nicht und trägt den Dingen alles nach, Gutes und Böses. Zuletzt, wenn die ganze Tafel seiner Seele mit Erfahrungen vollgeschrieben ist, wird er das Dasein nicht verachten und hassen, aber es auch nicht lieben, sondern über ihm liegen bald mit dem Auge der Freude, bald mit dem der Trauer, und, wie die Natur, bald sommerlich, bald herbstlich gesinnt sein. MA I 287

Im Kampf mit der Dummheit werden die billigsten und sanftesten Menschen zuletzt brutal. Sie sind

damit vielleicht auf dem rechten Wege der Verteidigung; denn an die dumme Stirn gehört, als Argument, von Rechts wegen die geballte Faust. Aber
weil, wie gesagt, ihr Charakter sanft und billig ist,
so leiden sie durch diese Mittel der Notwehr mehr,
als sie Leid zufügen.   MA I 362

Die Menschen drängen sich zum Lichte, nicht um
besser zu sehen, sondern um besser zu glänzen. –
Vor wem man glänzt, den lässt man gerne als Licht
gelten.   MA II, Der Wanderer und sein Schatten 254

Jeder, welcher sich dafür erklärt hat, dass der andere
ein Dummkopf, ein schlechter Geselle sei, ärgert
sich, wenn jener schließlich zeigt, dass er es nicht
ist.   MA I 90

Die Kunst, mit Menschen umzugehn, beruht
wesentlich auf der Geschicklichkeit (die eine lange
Übung voraussetzt), eine Mahlzeit anzunehmen,
einzunehmen, zu deren Küche man kein Vertrauen
hat.   Aus: FW 364

Man spricht nur dann davon, dass man der Menschen satt sei, wenn man sie nicht mehr verdauen
kann und doch noch den Magen voll davon hat.
Misanthropie ist die Folge einer allzu begehrlichen

Menschenliebe und *Menschenfresserei* – aber wer hieß dich auch Menschen zu verschlucken wie Austern, mein Prinz Hamlet? FW 167

Die meisten Menschen sind viel zu sehr mit sich selbst beschäftigt, um boshaft zu sein. MA I 85

In der Leutseligkeit ist nichts von Menschenhass, aber eben darum allzu viel von Menschenverachtung. JGB 93

Wir sind so gern in der freien Natur, weil diese keine Meinung über uns hat. MA I 508

Die gleichartigen Äußerungen der Lust erwecken die Phantasie der Mitempfindung, das Gefühl, etwas Gleiches zu sein: Dasselbe tun auch die gemeinsamen Leiden, dieselben Unwetter, Gefahren, Feinde. Darauf baut sich dann wohl das älteste Bündnis auf: dessen Sinn die gemeinsame Beseitigung und Abwehr einer drohenden Unlust zum Nutzen jedes Einzelnen ist. Und so wächst der soziale Instinkt aus der Lust heraus. Aus: MA I 98

Man wird selten irren, wenn man extreme Handlungen auf Eitelkeit, mittelmäßige auf Gewöhnung und kleinliche auf Furcht zurückführt. MA I 74

Die Güte und Liebe als die heilsamsten Kräuter und Kräfte im Verkehre der Menschen sind so kostbare Funde, dass man wohl wünschen möchte, es werde in der Verwendung dieser balsamischen Mittel so ökonomisch wie möglich verfahren: doch ist dies unmöglich. Die Ökonomie der Güte ist der Traum der verwegensten Utopisten. MA I 48

Es gibt einen Übermut der Güte, welcher sich wie Bosheit ausnimmt. JGB 184

Man lobt oder tadelt, je nachdem das eine oder das andere mehr Gelegenheit gibt, unsere Urteilskraft leuchten zu lassen. MA I 86

Erst am Ende der Erkenntnis aller Dinge wird der Mensch sich selber erkannt haben. Denn die Dinge sind nur die Grenzen des Menschen. M 48

Was begreifen wir denn von unserem Nächsten als seine Grenzen, ich meine das, womit er sich auf und an uns gleichsam einzeichnet und eindrückt? Wir begreifen nichts von ihm als die *Veränderungen an uns*, deren Ursache er ist – unser Wissen von ihm gleicht einem hohlen *geformten* Raume. Wir legen ihm die Empfindungen bei, die seine Handlungen in uns hervorrufen, und geben ihm so eine falsche umgekehrte Positivität. Wir bilden ihn nach unserer Kenntnis von uns, zu einem Satelliten unseres eigenen Systems: Und wenn er uns leuchtet oder sich verfinstert und wir von beidem die letzte Ursache sind – so glauben wir doch das Gegenteil! Welt der Phantome, in der wir leben! Verkehrte, umgestülpte, leere, und doch *voll* und *gerade* geträumte Welt!

M 118

Warum bewundert man den, welcher seiner Überzeugung treu bleibt, und verachtet den, welcher sie wechselt? Ich fürchte, die Antwort muss sein: weil jedermann voraussetzt, dass nur Motive gemeineren Vorteils oder persönlicher Angst einen solchen Wechsel veranlassen. Das heißt: Man glaubt im Grunde, dass niemand seine Meinungen verändert, solange sie ihm vorteilhaft sind, oder wenigstens solange sie ihm keinen Schaden bringen. Steht es aber so, so liegt darin ein schlimmes Zeugnis über die intellektuelle Bedeutung aller Überzeugungen. Prüfen wir einmal, wie Überzeugungen entstehen, und sehen wir zu, ob sie nicht bei Weitem überschätzt werden: Dabei wird sich ergeben, dass auch der Wechsel von Überzeugungen unter allen Umständen nach falschem Maße bemessen wird und dass wir bisher zu viel an diesem Wechsel zu leiden pflegten. Aus: MA I 629

Wir Menschen sind die einzigen Geschöpfe, welche, wenn sie missraten, sich selber durchstreichen können wie einen missratenen Satz – sei es, dass wir dies zur Ehre der Menschheit oder aus Mitleiden mit ihr oder aus Widerwillen gegen uns tun.   M 274

Du hast ihm eine Gelegenheit gegeben, Größe des Charakters zu zeigen, und er hat sie nicht benutzt. Das wird er dir nie verzeihen.

MA II, Vermischte Meinungen und Sprüche 384

Ich liebe die Menschen nicht, welche, um überhaupt Wirkung zu tun, zerplatzen müssen, gleich Bomben, und in deren Nähe man immer in Gefahr ist, plötzlich das Gehör – oder noch mehr zu verlieren.

FW 218

Mancher erreicht seinen Gipfel als Charakter, aber sein Geist ist gerade dieser Höhe nicht angemessen – und mancher umgekehrt.   FW 235

Seinem Charakter *Stil geben* – eine große und seltene Kunst!   Aus: FW 290

Alle Gewohnheit macht unsere Hand witziger und unseren Witz unbehänder.   FW 247

Wie wir in der Natur herumgehen, listig und froh, um die allem eigene Schönheit zu entdecken und gleichsam auf der Tat zu ertappen, wie wir bald bei Sonnenschein, bald bei gewitterhaftem Himmel, bald in der bleichsten Dämmerung einen Versuch machen, jenes Stück Küste mit Felsen, Meerbuchten, Ölbäumen und Pinien so zu sehen, wie es zu seiner Vollkommenheit und Meisterschaft kommt: So sollten wir auch unter den Menschen umhergehen, als ihre Entdecker und Ausspäher, Gutes und Böses ihnen erweisend, damit die ihnen eigene Schönheit sich offenbare, welche bei diesem sonnenhaft, bei jenem gewitterhaft und bei einem Dritten erst in der halben Nacht und bei Regenhimmel sich entfaltet.

Aus: M 468

Alle Menschen der Tiefe haben ihre Glückseligkeit darin, einmal den fliegenden Fischen zu gleichen und auf den äußersten Spitzen der Wellen zu spielen; sie schätzen als das Beste an den Dingen – dass sie eine Oberfläche haben: ihre Hautlichkeit – sit venia verbo.

FW 256

Sich von den Dingen entfernen, bis man vieles von ihnen nicht mehr sieht und vieles hinzusehen muss, *um sie noch zu sehen* – oder die Dinge um die Ecke und wie in einem Ausschnitte sehen – oder sie so stellen, dass sie sich teilweise verstellen und nur perspektivische Durchblicke gestatten – oder sie durch gefärbtes Glas oder im Lichte der Abendröte anschauen – oder ihnen eine Oberfläche und Haut geben, welche keine volle Transparenz hat: Das alles sollen wir den Künstlern ablernen und im Übrigen weiser sein als sie. Denn bei ihnen hört gewöhnlich diese ihre feine Kraft auf, wo die Kunst aufhört und das Leben beginnt; wir aber wollen die Dichter unseres Lebens sein, und im Kleinsten und Alltäglichsten zuerst.

Aus: FW 299

Im Schmerz ist so viel Weisheit wie in der Lust: Er gehört gleich dieser zu den arterhaltenden Kräften ersten Ranges. Wäre er dies nicht, so würde er längst zugrunde gegangen sein; dass er wehtut, ist kein Argument gegen ihn, es ist sein Wesen.

Aus: FW 318

Das Leben ein Mittel der Erkenntnis – mit diesem Grundsatze im Herzen kann man nicht nur tapfer, sondern sogar *fröhlich leben und fröhlich lachen*!

Aus: FW 324

Ich will sagen, dass die Welt übervoll von schönen Dingen ist, aber trotzdem arm, sehr arm an schönen Augenblicken und Enthüllungen dieser Dinge. Aber vielleicht ist dies der stärkste Zauber des Lebens: Es liegt ein golddurchwirkter Schleier von schönen Möglichkeiten über ihm, verheißend, widerstrebend, schamhaft, spöttisch, mitleidig, verführerisch. Ja, das Leben ist ein Weib! Aus: FW 339

Das, was wir jetzt die Welt nennen, ist das Resultat einer Menge von Irrtümern und Phantasien, welche in der gesamten Entwicklung der organischen Wesen allmählich entstanden, ineinander verwachsen sind und uns jetzt als aufgesammelter Schatz der ganzen Vergangenheit vererbt werden – als Schatz: Denn der *Wert* unseres Menschentums ruht darauf. Aus: MA I 16

Dicht neben den ganz nächtigen Menschen befindet sich fast regelmäßig, wie an sie angebunden, eine Lichtseele. Sie ist gleichsam der negative Schatten, den jene werfen.

MA II, Der Wanderer und sein Schatten 258

Und woran erkennt man im Grunde die *Wohlgeratenheit*! Dass ein wohlgeratner Mensch unsern Sinnen wohltut: dass er aus einem Holze geschnitzt ist, das hart, zart und wohlriechend zugleich ist. Ihm schmeckt nur, was ihm zuträglich ist; sein Gefallen, seine Lust hört auf, wo das Maß des Zuträglichen überschritten wird. Er errät Heilmittel gegen Schädigungen, er nützt schlimme Zufälle zu seinem Vorteil aus; was ihn nicht umbringt, macht ihn stärker. Er sammelt instinktiv aus allem, was er sieht, hört, erlebt, *seine* Summe: Er ist ein auswählendes Prinzip, er lässt viel durchfallen. Er ist immer in *seiner* Gesellschaft, ob er mit Büchern, Menschen oder Landschaften verkehrt: Er ehrt, indem er *wählt*, indem er *zulässt*, indem er *vertraut*.

Aus: EH, Warum ich so weise bin 2

Selig sind die Vergesslichen: Denn sie werden auch mit ihren Dummheiten fertig. Aus: JGB 217

Dass man wird, was man ist, setzt voraus, dass man nicht im Entferntesten ahnt, *was* man ist. Aus diesem Gesichtspunkte haben selbst die *Fehlgriffe* des Lebens ihren eignen Sinn und Wert, die zeitweiligen Nebenwege und Abwege, die Verzögerungen, die *Bescheidenheiten*, der Ernst, auf Aufgaben verschwendet, die jenseits der Aufgabe liegen.

Aus: EH, Warum ich so klug bin 9

Wer das Hohe eines Menschen nicht sehen *will*, blickt umso schärfer nach dem, was niedrig und Vordergrund an ihm ist – und verrät sich selbst damit. JGB 275

Aus sich eine ganze *Person* machen und in allem, was man tut, deren *höchstes Wohl* ins Auge fassen – das bringt weiter, als jene mitleidigen Regungen und Handlungen zugunsten anderer. Wir alle leiden freilich noch immer an der allzu geringen Beachtung des Persönlichen an uns, es ist schlecht ausgebildet – gestehen wir es uns ein: Man hat vielmehr unsern Sinn gewaltsam von ihm abgezogen und dem Staate, der Wissenschaft, dem Hilfebedürftigen zum Opfer angeboten, wie als ob es das Schlechte wäre, das geopfert werden müsste. Auch jetzt wollen wir für unsere Mitmenschen arbeiten, aber nur so weit, als wir unsern eigenen höchsten Vorteil in dieser Arbeit finden, nicht mehr, nicht weniger. Es kommt nur darauf an, was man als *seinen Vorteil* versteht; gerade das unreife, unentwickelte, rohe Individuum wird ihn auch am rohesten verstehen. Aus: MA I 95

Will man einmal eine Person sein, so muss man auch seinen Schatten in Ehren halten.

MA II, Vermischte Meinungen und Sprüche 81

Macht man jemandem klar, dass er, streng verstanden, nie von Wahrheit, sondern immer nur von Wahrscheinlichkeit und deren Graden reden könne, so entdeckt man gewöhnlich an der unverhohlenen Freude des also Belehrten, wie viel lieber den Menschen die Unsicherheit des geistigen Horizontes ist und wie sie die Wahrheit im Grunde ihrer Seele wegen ihrer Bestimmtheit *hassen*. – Liegt es daran, dass sie alle insgeheim selber Furcht davor haben, dass man einmal das Licht der Wahrheit zu hell auf sie fallen lasse? Sie wollen etwas bedeuten, folglich darf man nicht genau wissen, was sie *sind*? Oder ist es nur die Scheu vor dem allzu hellen Licht, an welches ihre dämmernden, leicht zu blendenden Fledermaus-Seelen nicht gewöhnt sind, sodass sie es hassen müssen? MA II, Vermischte Meinungen und Sprüche 7

Es gibt Menschen, die gar nicht anders gesehen werden wollen, als durch andre hindurchschimmernd. Und daran ist viel Klugheit. M 421

Hält sich einer, mit entsagendem Sinne, absichtlich in der Einsamkeit, so kann er sich dadurch den Verkehr mit Menschen, selten genossen, zum Leckerbissen machen. MA II, Vermischte Meinungen und Sprüche 333

Ich bekomme mir nicht gut, sagte jemand, um seinen Hang zur Gesellschaft zu erklären. *Der Magen der Gesellschaft ist stärker als der meinige, er verträgt mich.* MA II, Der Wanderer und sein Schatten 235

In der Einsamkeit frisst sich der Einsame selbst auf, in der Vielsamkeit fressen ihn die Vielen. Nun wähle. MA II, Vermischte Meinungen und Sprüche 348

Einer der gewöhnlichen Fehlschlüsse ist der: Weil jemand wahr und aufrichtig gegen uns ist, so sagt er die Wahrheit. So glaubt das Kind an die Urteile der Eltern, der Christ an die Behauptungen des Stifters der Kirche. Ebenso will man nicht zugeben, dass alles jenes, was die Menschen mit Opfern an Glück und Leben in früheren Jahrhunderten verteidigt haben, nichts als Irrtümer waren: Vielleicht sagt man, es seien Stufen der Wahrheit gewesen. Aber im Grunde meint man, wenn jemand ehrlich an etwas geglaubt und für seinen Glauben gekämpft hat und gestorben ist, wäre es doch gar zu *unbillig*, wenn eigentlich nur ein Irrtum ihn beseelt habe. So ein Vorgang scheint der ewigen Gerechtigkeit zu widersprechen; deshalb dekretiert das Herz empfindender Menschen immer wieder gegen ihren Kopf den Satz: Zwischen moralischen Handlungen und intellektuellen Einsichten muss durchaus ein notwendiges Band sein. Es ist leider anders; denn es gibt keine ewige Gerechtigkeit. MA I 53

Auch die Seele muss ihre bestimmten Kloaken haben, wohin sie ihren Unrat abfließen lässt: Dazu dienen Personen, Verhältnisse, Stände oder das Vaterland oder die Welt oder endlich – für die ganz Hoffärtigen (ich meine unsere lieben modernen *Pessimisten*) – der liebe Gott.

MA II, Der Wanderer und sein Schatten 46

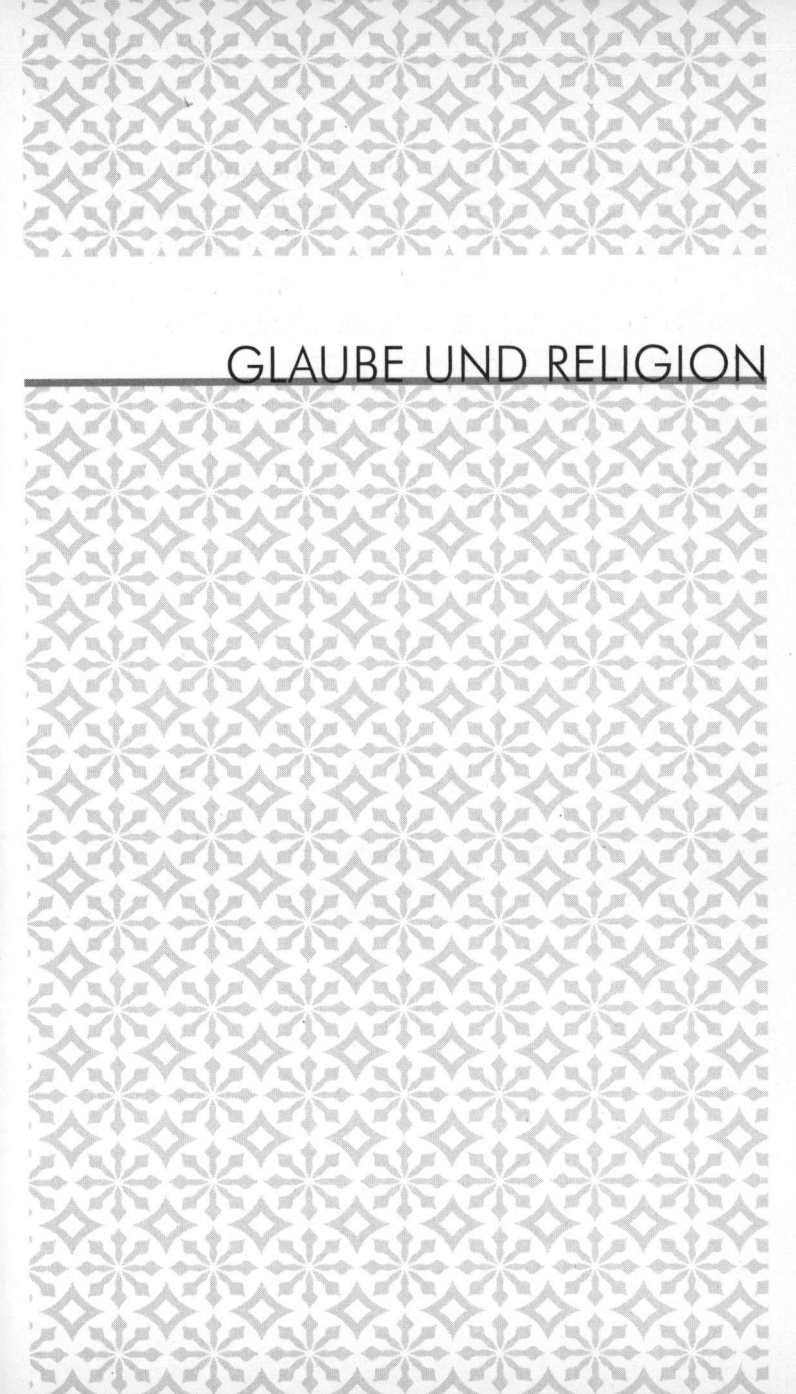

GLAUBE UND RELIGION

Angewöhnung geistiger Grundsätze ohne Gründe nennt man Glauben. Aus: MA I 226

Die mystischen Erklärungen gelten für tief; die Wahrheit ist, dass sie noch nicht einmal oberflächlich sind. FW 126

Den Menschen zu lieben *um Gottes willen* – das war bis jetzt das vornehmste und entlegenste Gefühl, das unter Menschen erreicht worden ist. Dass die Liebe zum Menschen ohne irgendeine heiligende Hinterabsicht eine Dummheit und Tierheit *mehr* ist, dass der Hang zu dieser Menschenliebe erst von einem höheren Hange sein Maß, seine Feinheit, sein Körnchen Salz und Stäubchen Ambra zu bekommen hat – welcher Mensch es auch war, der dies zuerst empfunden und *erlebt* hat, wie sehr auch seine Zunge gestolpert haben mag, als sie versuchte, solch eine Zartheit auszudrücken, er bleibe uns in alle Zeiten heilig und verehrenswert, als der Mensch, der am höchsten bisher geflogen und am schönsten sich verirrt hat! JGB 60

Wie gern möchte man die falschen Behauptungen der Priester, es gebe einen Gott, der das Gute von uns verlange, Wächter und Zeuge jeder Handlung, jedes Augenblickes, jedes Gedankens sei, der uns liebe, in allem Unglück unser Bestes wolle – wie gern möchte man diese mit Wahrheiten vertauschen, welche ebenso heilsam, beruhigend und wohltuend wären wie jene Irrtümer! Doch solche Wahrheiten gibt es nicht; die Philosophie kann ihnen höchstens wiederum metaphysische Scheinbarkeiten (im Grunde ebenfalls Unwahrheiten) entgegensetzen. Nun ist aber die Tragödie die, dass man jene Dogmen der Religion und Metaphysik nicht *glauben* kann, wenn man die strenge Methode der Wahrheit im Herzen und Kopfe hat, andererseits durch die Entwicklung der Menschheit so zart, reizbar, leidend geworden ist, um Heil- und Trostmittel der höchsten Art nötig zu haben; woraus also die Gefahr entsteht, dass der Mensch sich an der erkannten Wahrheit verblute. Aus: MA I 109

Es müsste geistigere Geschöpfe geben, als die Menschen sind, bloß um den Humor ganz auszukosten, der darin liegt, dass der Mensch sich für den Zweck des ganzen Weltendaseins ansieht und die Menschheit sich ernstlich nur mit Aussicht auf eine Welt-Mission zufrieden gibt. Hat ein Gott die Welt geschaffen, so schuf er den Menschen zum *Affen Gottes*, als fortwährenden Anlass zur Erheiterung in seinen allzu langen Ewigkeiten. Die Sphärenmusik um die Erde herum wäre dann wohl das Spottgelächter aller übrigen Geschöpfe um den Menschen herum. Aus: MA II, Der Wanderer und sein Schatten 14

Auch das Christentum hat einen großen Beitrag zur Aufklärung gegeben: Es lehrte die moralische Skepsis auf eine sehr eindringliche und wirksame Weise: anklagend, verbitternd, aber mit unermüdlicher Geduld und Feinheit: Es vernichtete in jedem einzelnen Menschen den Glauben an seine *Tugenden*: Es ließ für immer jene großen Tugendhaften von der Erde verschwinden, an denen das Altertum nicht arm war, jene populären Menschen, die im Glauben an ihre Vollendung mit der Würde eines Stiergefechtshelden umherzogen. Wenn wir jetzt, erzogen in dieser christlichen Schule der Skepsis, die moralischen Bücher der Alten, zum Beispiel Senecas und Epiktets, lesen, so fühlen wir eine kurzweilige Überlegenheit und sind voller geheimer Einblicke und Überblicke, es ist uns dabei zumute, als ob ein Kind vor einem alten Manne oder eine junge schöne Begeisterte vor La Rochefoucauld redete: Wir kennen das, was Tugend ist, besser! Zuletzt haben wir aber diese selbe Skepsis auch auf alle *religiösen* Zustände und Vorgänge, wie Sünde, Reue, Gnade, Heiligung, angewendet und den Wurm so gut graben lassen, dass wir nun auch beim Lesen aller christlichen Bücher dasselbe Gefühl der feinen

Überlegenheit und Einsicht haben: – Wir kennen auch die religiösen Gefühle besser! Und es ist Zeit, sie gut zu kennen und gut zu beschreiben, denn auch die Frommen des alten Glaubens sterben aus: – Retten wir ihr Abbild und ihren Typus wenigstens für die Erkenntnis! FW 122

Zum Religionsstifter gehört psychologische Unfehlbarkeit im Wissen um eine bestimmte Durchschnitts-Art von Seelen, die sich noch nicht als zusammengehörig *erkannt* haben. Er ist es, der sie zusammenbringt; die Gründung einer Religion wird insofern immer zu einem langen Erkennungs-Feste.

Aus: FW 353

Ein Christ, der auf unerlaubte Gedankengänge gerät, könnte sich wohl einmal fragen: Ist es eigentlich *nötig*, dass es einen Gott, nebst einem stellvertretenden Sündenlamme, wirklich *gibt*, wenn schon der *Glaube an das Dasein* dieser Wesen ausreicht, um die gleichen Wirkungen hervorzubringen? Sind es nicht *überflüssige* Wesen, falls sie doch existieren sollten? Denn alles Wohltuende, Tröstliche, Versittlichende, ebenso wie alles Verdüsternde und Zermalmende, welches die christliche Religion der menschlichen Seele gibt, geht von jenem Glauben aus und nicht von den Gegenständen jenes Glaubens. Es steht hier nicht anders als bei dem bekannten Falle: Zwar hat es keine Hexen gegeben, aber die furchtbaren Wirkungen des Hexenglaubens sind dieselben gewesen, wie wenn es wirklich Hexen gegeben hätte. Für alle jene Gelegenheiten, wo der Christ das unmittelbare Eingreifen eines Gottes erwartet, aber umsonst erwartet – weil es keinen Gott gibt –, ist seine Religion erfinderisch genug in Ausflüchten und Gründen zur Beruhigung: Hierin ist es sicherlich eine geistreiche Religion. – Zwar hat der Glaube bisher noch keine wirklichen Berge versetzen können, obschon dies ich weiß nicht wer behauptet hat; aber er vermag Berge dorthin zu setzen, wo keine sind.

MA II, Vermischte Meinungen und Sprüche 225

Wenn der Glaube nicht selig machte, so würde er nicht geglaubt werden: Wie wenig wird er also wert sein! Aus: MA I 120

Der Glaube ist immer dort am meisten begehrt, am dringlichsten nötig, wo es an Willen fehlt: Denn der Wille ist, als Affekt des Befehls, das entscheidende Abzeichen der Selbstherrlichkeit und Kraft. Das heißt, je weniger einer zu befehlen weiß, umso dringlicher begehrt er nach einem, der befiehlt, streng befiehlt, nach einem Gott, Fürsten, Stand,

Arzt, Beichtvater, Dogma, Partei-Gewissen. Woraus vielleicht abzunehmen wäre, dass die beiden Welt-religionen, der Buddhismus und das Christentum ihren Entstehungsgrund, ihr plötzliches Um-sich-Greifen zumal, in einer ungeheuren *Erkrankung des Willens* gehabt haben möchten.   Aus: FW 347

Vielleicht, dass es bis jetzt kein stärkeres Mittel gab, den Menschen selbst zu verschönern, als eben Fröm-migkeit: Durch sie kann der Mensch so sehr Kunst, Oberfläche, Farbenspiel, Güte werden, dass man an seinem Anblicke nicht mehr leidet. –   Aus: JGB 59

Das Gebet ist für solche Menschen erfunden, welche eigentlich nie von sich aus Gedanken haben und denen eine Erhebung der Seele unbekannt ist oder unbemerkt verläuft: Was sollen diese an heiligen Stätten und in allen wichtigen Lagen des Lebens, welche Ruhe und eine Art Würde erfordern? Damit sie wenigstens nicht *stören*, hat die Weisheit aller Religionsstifter, der kleinen wie der großen, ihnen die Formel des Gebetes anbefohlen, als eine lange mechanische Arbeit der Lippen, verbunden mit Anstrengung des Gedächtnisses und mit einer glei-chen festgesetzten Haltung von Händen und Füßen und Augen! Da mögen sie nun gleich den Tibeta-nern ihr *om mane padme hum* unzählige Male wiederkäuen, oder, wie in Benares, den Namen des Gottes Ram-Ram-Ram (und so weiter mit oder ohne Grazie) an den Fingern abzählen: oder den Wischnu mit seinen tausend, den Allah mit seinen neunundneunzig Anrufnamen ehren: Oder sie mögen sich der Gebetmühlen und der Rosenkränze bedienen – die Hauptsache ist, dass sie mit dieser Arbeit für eine Zeit festgemacht sind und einen erträglichen Anblick gewähren: Ihre Art Gebet ist zum Vorteil der Frommen erfunden, welche Gedanken und Erhebungen von sich aus kennen. Und selbst diese haben ihre müden Stunden, wo ihnen eine Reihe ehrwürdiger Worte und Klänge und eine fromme Mechanik wohltut. Aber angenommen, dass diese seltenen Menschen – in jeder Religion ist der religiöse Mensch eine Ausnahme – sich zu helfen wissen: Jene Armen im Geiste wissen sich nicht zu helfen, und ihnen das Gebets-Geklapper verbieten heißt ihnen ihre Religion nehmen: wie es der Protestantismus mehr und mehr an den Tag bringt. Die Religion will von solchen eben nicht mehr, als dass sie *Ruhe halten*, mit Augen, Händen, Beinen und Organen aller Art: Dadurch werden sie zeitweilig verschönert und – menschenähnlicher! FW 128

Warum heute Atheismus? – *Der Vater* in Gott ist gründlich widerlegt; ebenso *der Richter, der*

Belohner. Insgleichen sein *freier Wille*: Er hört nicht – und wenn er hörte, wüsste er trotzdem nicht zu helfen. Das Schlimmste ist: Er scheint unfähig, sich deutlich mitzuteilen: Ist er unklar? – Dies ist es, was ich, als Ursachen für den Niedergang des europäischen Theismus, aus vielerlei Gesprächen, fragend, hinhorchend, ausfindig gemacht habe; es scheint mir, dass zwar der religiöse Instinkt mächtig im Wachsen ist – dass er aber gerade die theistische Befriedigung mit tiefem Misstrauen ablehnt.

JGB 53

Man soll nicht in Kirchen gehen, wenn man reine Luft atmen will.

Aus: JGB 30

Wie? Ist der Mensch nur ein Fehlgriff Gottes? Oder Gott nur ein Fehlgriff des Menschen? –

GD, Sprüche und Pfeile 7

Ehemals glaubte man, der Erfolg einer Tat sei nicht eine Folge, sondern eine freie Zutat – nämlich Gottes. Ist eine größere Verwirrung denkbar! Man musste sich um die Tat und um den Erfolg besonders bemühen, mit ganz verschiedenen Mitteln und Praktiken!

M 12

Es ist nicht genug Liebe und Güte in der Welt, um noch davon an eingebildete Wesen wegschenken zu dürfen.

MA I 129

Je mehr Gott als Person für sich galt, umso weniger ist man ihm treu gewesen. Die Menschen sind ihren Gedankenbildern viel anhänglicher als ihren geliebtesten Geliebten: Deshalb opfern sie sich für den Staat, die Kirche, und auch für *Gott* – sofern er eben *ihr* Erzeugnis, *ihr Gedanke* bleibt und nicht gar zu persönlich genommen wird. Im letzteren Falle hadern sie fast immer mit ihm: Selbst dem Frömmsten entfuhr ja die bittere Rede *mein Gott, warum hast du mich verlassen!*

MA II, Der Wanderer und sein Schatten 80

Leute, welchen ihr tägliches Leben zu leer und eintönig vorkommt, werden leicht religiös: Dies ist begreiflich und verzeihlich, nur haben sie kein Recht, Religiosität von denen zu fordern, denen das tägliche Leben nicht leer und eintönig verfließt.

Aus: MA I 115

Wenn sich die ganze Geschichte der Kultur vor den Blicken auftut als ein Gewirr von bösen und edlen, wahren und falschen Vorstellungen und es einem beim Anblick dieses Wellenschlags fast seekrank zumute wird, so begreift man, was für ein Trost in der Vorstellung eines *werdenden Gottes* liegt: Dieser enthüllt sich immer mehr in den Verwandlungen und Schicksalen der Menschheit, es ist nicht alles blinde Mechanik, sinn- und zweckloses Durcheinanderspielen von Kräften. Die Vergottung des Werdens ist ein metaphysischer Ausblick – gleichsam von einem Leuchtturm am Meere der Geschichte herab –, an welchem eine allzu viel historisierende Gelehrtengeneration ihren Trost fand; darüber darf man nicht böse werden, so irrtümlich jene Vorstellung auch sein mag.   Aus: MA I 238

Erst das Christentum hat den Teufel an die Wand der Welt gemalt; erst das Christentum hat die Sünde in die Welt gebracht. Der Glaube an die Heilmittel, welche es dagegen anbot, ist nun allmählich bis in die tiefsten Wurzeln hinein erschüttert: Aber immer noch besteht der *Glaube an die Krankheit*, welchen es gelehrt und verbreitet hat.

MA II, Der Wanderer und sein Schatten 78

Das Christentum gab dem Eros Gift zu trinken – er starb zwar nicht daran, aber entartete, zum Laster.

JGB 168

Der feinste Kunstgriff, welchen das Christentum vor den übrigen Religionen voraushat, ist ein Wort: Es redete von *Liebe*. So wurde es die *lyrische* Religion (während in seinen beiden anderen Schöpfungen das Semitentum der Welt heroisch-epische Religionen geschenkt hat). Es ist in dem Worte Liebe etwas so Vieldeutiges, Anregendes, zur Erinnerung, zur Hoffnung Sprechendes, dass auch die niedrigste Intelligenz und das kälteste Herz noch etwas von dem Schimmer dieses Wortes fühlt. Das klügste Weib und der gemeinste Mann denken dabei an die verhältnismäßig uneigennützigsten Augenblicke ihres gesamten Lebens, selbst wenn Eros nur einen niedrigen Flug bei ihnen genommen hat; und jene Zahllosen, welche Liebe vermissen, vonseiten der Eltern, Kinder oder Geliebten, namentlich aber die Menschen der sublimierten Geschlechtlichkeit haben im Christentum ihren Fund gemacht.

MA II, Vermischte Meinungen und Sprüche 95

Wenn das Christentum mit seinen Sätzen vom rächenden Gotte, der allgemeinen Sündhaftigkeit, der Gnadenwahl und der Gefahr einer ewigen Verdammnis recht hätte, so wäre es ein Zeichen von Schwachsinn und Charakterlosigkeit, *nicht* Priester, Apostel oder Einsiedler zu werden und mit Furcht und Zittern einzig am eigenen Heile zu arbeiten; es wäre unsinnig, den ewigen Vorteil gegen die zeitliche Bequemlichkeit so aus dem Auge zu lassen. Vorausgesetzt, dass überhaupt *geglaubt* wird, so ist der Alltags-Christ eine erbärmliche Figur, ein Mensch, der wirklich nicht bis drei zählen kann und der übrigens, gerade wegen seiner geistigen Unzurechnungsfähigkeit, es nicht verdiente, so hart bestraft zu werden, als das Christentum ihm verheißt. MA I 116

Der Stifter des Christentums meinte, an nichts litten die Menschen so sehr als an ihren Sünden: – Es war sein Irrtum, der Irrtum dessen, der sich ohne Sünde fühlte, dem es hierin an Erfahrung gebrach! So füllte sich seine Seele mit jenem wundervollen phantastischen Erbarmen, das einer Not galt, welche selbst bei seinem Volke, dem Erfinder der Sünde, selten eine große Not war! – Aber die Christen haben es verstanden, ihrem Meister nachträglich Recht zu schaffen und seinen Irrtum zur *Wahrheit* zu heiligen. FW 138

Unter zwölf Aposteln muss immer einer hart wie ein Stein sein, damit auf ihm die neue Kirche gebaut werden könne. MA II, Der Wanderer und sein Schatten 76

Das, was an der Religiosität der alten Griechen staunen macht, ist die unbändige Fülle von Dankbarkeit, welche sie ausströmt – es ist eine sehr vornehme Art Mensch, welche *so* vor der Natur und vor dem Leben steht! – Später, als der Pöbel in Griechenland zum Übergewicht kommt, überwuchert die *Furcht* auch in der Religion; und das Christentum bereitete sich vor. JGB 49

Das Christentum hat das Äußerste getan, um den Zirkel zu schließen, und schon den Zweifel für Sünde erklärt. Man soll ohne Vernunft, durch ein Wunder, in den Glauben hineingeworfen werden und nun in ihm wie im hellsten und unzweideutigsten Elemente schwimmen: Schon der Blick nach einem Festlande, schon der Gedanke, man sei vielleicht nicht zum Schwimmen allein da, schon die leise Regung unserer amphibischen Natur – ist Sünde! Man merke doch, dass damit die Begründung des Glaubens und alles Nachdenken über seine Herkunft ebenfalls schon als sündhaft ausgeschlossen sind. Man will Blindheit und Taumel und einen ewigen Gesang über den Wellen, in denen die Vernunft ertrunken ist! M 89

Du willst von deiner Leidenschaft Abschied nehmen? Tue es, aber *ohne Hass* gegen sie! Sonst hast du eine zweite Leidenschaft. – Die Seele der Christen, die sich von der Sünde freigemacht hat, wird gewöhnlich hinterher durch den Hass gegen die Sünde ruiniert. Sieh die Gesichter der großen Christen an! Es sind die Gesichter von großen Hassern.

M 411

Der christliche Entschluss, die Welt hässlich und schlecht zu finden, hat die Welt hässlich und schlecht gemacht.

FW 130

Eine Art von Redlichkeit ist allen Religionsstiftern und ihresgleichen fremd gewesen – sie haben nie sich aus ihren Erlebnissen eine Gewissenssache der Erkenntnis gemacht.

Aus: FW 319

Der größte Fortschritt der Massen war bis jetzt der Religionskrieg: Denn er beweist, dass die Masse angefangen hat, Begriffe mit Ehrfurcht zu behandeln. Religionskriege entstehen erst, wenn durch die feineren Streitigkeiten der Sekten die allgemeine Vernunft verfeinert ist: sodass selbst der Pöbel spitzfindig wird und Kleinigkeiten wichtig nimmt, ja es für möglich hält, dass das *ewige Heil der Seele* an den kleinen Unterschieden der Begriffe hängt.

FW 144

Vergessen wir es zuletzt nicht, was eine Kirche ist, und zwar im Gegensatz zu jedem *Staate*: Eine Kirche ist vor allem ein Herrschafts-Gebilde, das den *geistigeren* Menschen den obersten Rang sichert und an die Macht der Geistigkeit so weit *glaubt*, um sich alle gröberen Gewaltmittel zu verbieten – damit allein ist die Kirche unter allen Umständen eine *vornehmere* Institution als der Staat.   Aus: FW 358

Wer nach Zeichen dafür suchte, dass hinter dem großen Welten-Spiel eine ironische Göttlichkeit die Finger handhabe, er fände keinen kleinen Anhalt in dem *ungeheuren Fragezeichen*, das Christentum heißt. Dass die Menschheit vor dem Gegensatz dessen auf den Knien liegt, was der Ursprung, der Sinn, das *Recht* des Evangeliums war, dass sie in dem Begriff *Kirche* gerade das heilig gesprochen hat, was der *frohe Botschafter* als *unter* sich, als *hinter* sich empfand – man sucht vergebens nach einer größeren Form *welthistorischer Ironie* –   Aus: A 36

Ich kenne den Atheismus durchaus nicht als Ergebnis, noch weniger als Ereignis: Er versteht sich bei mir aus Instinkt. Ich bin zu neugierig, zu *fragwürdig*, zu übermütig, um mir eine faustgrobe Antwort gefallen zu lassen. Gott ist eine faustgrobe Antwort, eine Undelikatesse gegen uns Denker – im Grunde sogar bloß ein faustgrobes *Verbot* an uns: Ihr sollt nicht denken!   Aus: EH, Warum ich so klug bin 1

Keine Macht lässt sich behaupten, wenn lauter Heuchler sie vertreten; die katholische Kirche mag noch so viele *weltliche* Elemente besitzen, ihre Kraft beruht auf jenen auch jetzt noch zahlreichen priesterlichen Naturen, welche sich das Leben schwer und bedeutungstief machen und deren Blick und abgehärmter Leib von Nachtwachen, Hungern, glühendem Gebete, vielleicht selbst von Geißelhieben redet; diese erschüttern die Menschen und machen ihnen Angst: Wie, wenn es *nötig* wäre, so zu leben? – Dies ist die schauderhafte Frage, welche ihr Anblick auf die Zunge legt. Indem sie diesen Zweifel verbreiten, gründen sie immer von Neuem wieder einen Pfeiler ihrer Macht; selbst die Freigesinnten wagen es nicht, dem derartig Selbstlosen mit hartem Wahrheitssinn zu widerstehen und zu sagen: *Betrogner du, betrüge nicht!*   Aus: MA I 55

Zu den größten Wirkungen *der* Menschen, welche man Genies und Heilige nennt, gehört es, dass sie sich Interpreten erzwingen, welche sie zum Heile der Menschheit *missverstehen*.   Aus: MA I 126

Nicht das, was der Heilige *ist*, sondern das, was er in den Augen der Nicht-Heiligen *bedeutet*, gibt ihm seinen welthistorischen Wert.   Aus: MA I 143

Diese ernsten, tüchtigen, rechtlichen, tief empfin-
denden Menschen, welche jetzt noch von Herzen
Christen sind: Sie sind es sich schuldig, einmal auf
längere Zeit versuchsweise ohne Christentum zu
leben, sie sind es *ihrem Glauben* schuldig, einmal
auf diese Art einen Aufenthalt in der Wüste zu nehmen – nur damit sie sich das Recht erwerben, in der
Frage, ob das Christentum nötig sei, mitzureden.
Einstweilen kleben sie an ihrer Scholle und lästern
von da aus die Welt jenseits der Scholle: Ja, sie sind
böse und erbittert, wenn jemand zu verstehen gibt,
dass jenseits der Scholle eben noch die ganze, ganze
Welt liegt! dass das Christentum, alles in allem, eben
nur ein Winkel ist! Nein, euer Zeugnis wiegt nicht
eher etwas, als bis ihr jahrelang ohne Christentum
gelebt habt, mit einer ehrlichen Inbrunst danach, es
im Gegenteile des Christentums auszuhalten: bis ihr
weit, weit von ihm fortgewandert seid. Nicht wenn
das Heimweh euch zurücktreibt, sondern das *Urteil*
aufgrund einer strengen *Vergleichung*, so hat euer
Heimkehren etwas zu bedeuten! – Die zukünftigen
Menschen werden es einmal so mit allen Wertschätzungen der Vergangenheit machen; man muss sie
freiwillig noch einmal *durchleben*, und ebenso ihr
Gegenteil – um schließlich das *Recht* zu haben, sie
durch das Sieb fallen zu lassen.   M 61

Buddha sagt: *Schmeichle deinem Wohltäter nicht!*
Man spreche diesen Spruch nach in einer christ-
lichen Kirche – er reinigt sofort die Luft von allem
Christlichen. FW 142

Das Christentum entstand, um das Herz zu erleichtern; aber jetzt muss es das Herz erst beschweren,
um es nachher erleichtern zu können. Folglich wird
es zugrunde gehen. MA I 119

KUNST UND SCHÖNHEIT

Die Kunst erhebt ihr Haupt, wo die Religionen nachlassen. Aus: MA I 150

Je abstrakter die Wahrheit ist, die du lehren willst, umso mehr musst du noch die Sinne zu ihr verführen. JGB 128

Der Künstler hat in Hinsicht auf das Erkennen der Wahrheiten eine schwächere Moralität als der Denker; er will sich die glänzenden, tiefsinnigen Deutungen des Lebens durchaus nicht nehmen lassen und wehrt sich gegen nüchterne, schlichte Methoden und Resultate. Scheinbar kämpft er für die höhere Würde und Bedeutung des Menschen; in Wahrheit will er die für seine Kunst *wirkungsvollsten* Voraussetzungen nicht aufgeben, also das Phantastische, Mythische, Unsichere, Extreme, den Sinn für das Symbolische, die Überschätzung der Person, den Glauben an etwas Wunderartiges im Genius: Er hält also die Fortdauer seiner Art des Schaffens für wichtiger als die wissenschaftliche Hingebung an das Wahre in jeder Gestalt, erscheine diese auch noch so schlicht. MA I 146

Die Kunst soll vor allem und zuerst das Leben *verschönern*, also *uns* selber den andern erträglich, womöglich angenehm machen: Mit dieser Aufgabe vor Augen, mäßigt sie und hält uns im Zaume, schafft Formen des Umgangs, bindet die Unerzogenen an Gesetze des Anstandes, der Reinlichkeit, der Höflichkeit, des Redens und Schweigens zur rechten Zeit. Sodann soll die Kunst alles Hässliche *verbergen* oder *umdeuten*, jenes Peinliche, Schreckliche, Ekelhafte, welches trotz allem Bemühen immer wieder, gemäß der Herkunft der menschlichen Natur, herausbrechen wird: Sie soll so namentlich in Hinsicht auf die Leidenschaften und seelischen Schmerzen und Ängste verfahren und im unvermeidlich oder unüberwindlich Hässlichen das *Bedeutende* durchschimmern lassen. Nach dieser großen, ja übergroßen Aufgabe der Kunst ist die sogenannte eigentliche Kunst, *die der Kunstwerke*, nur ein *Anhängsel*: Ein Mensch, der einen Überschuss von solchen verschönernden, verbergenden und umdeutenden Kräften in sich fühlt, wird sich zuletzt noch in Kunstwerken dieses Überschusses zu entladen suchen; ebenso, unter besondern Umständen, ein ganzes Volk. – Aber gewöhnlich fängt man jetzt die Kunst am Ende an, hängt sich an ihren Schweif und meint, die Kunst der Kunstwerke sei das Eigentliche, von ihr aus solle das Leben verbessert und umgewandelt werden – wir Toren! Wenn wir die Mahlzeit mit dem Nachtisch beginnen und Süßigkeiten über Süßigkeiten kosten, was wunders, wenn wir uns den

Magen und selbst den Appetit für die gute, kräftige, nährende Mahlzeit, zu der uns die Kunst einladet, verderben! MA II, Vermischte Meinungen und Sprüche 174

In der Kunst heiligt der Zweck die Mittel nicht: Aber heilige Mittel können hier den Zweck heiligen.

MA II, Vermischte Meinungen und Sprüche 136

Alles, was gedacht, gedichtet, gemalt, komponiert, selbst gebaut und gebildet wird, gehört entweder zur monologischen Kunst oder zur Kunst vor Zeugen. Unter Letztere ist auch noch jene scheinbare Monolog-Kunst einzurechnen, welche den Glauben an Gott in sich schließt, die ganze Lyrik des Gebets: Denn für einen Frommen gibt es noch keine Einsamkeit – diese Erfindung haben erst wir gemacht, wir Gottlosen. Ich kenne keinen tieferen Unterschied der gesamten Optik eines Künstlers als diesen: ob er vom Auge des Zeugen aus nach seinem werdenden Kunstwerke (nach *sich* –) hinblickt oder aber *die Welt vergessen hat*: wie es das Wesentliche jeder monologischen Kunst ist – sie ruht *auf dem Vergessen*, sie ist die Musik des Vergessens.

FW 367

Der künstlerische Genius will Freude machen, aber wenn er auf einer sehr hohen Stufe steht, so fehlen ihm leicht die Genießenden; er bietet Speisen, aber man will sie nicht. Das gibt ihm ein unter Umständen lächerlich-rührendes Pathos; denn im Grunde hat er kein Recht, die Menschen zum Vergnügen zu zwingen. Seine Pfeife tönt, aber niemand will tanzen: Kann das tragisch sein? – Vielleicht doch.

Aus: MA I 157

Der eine will vermittelst der Kunst sich seines Wesens freuen, der andere will mit ihrer Hilfe zeitweilig über sein Wesen hinaus, von ihm weg. Nach beiden Bedürfnissen gibt es eine doppelte Art von Kunst und Künstlern.

MA II, Vermischte Meinungen und Sprüche 371

Was liegt an aller unsrer Kunst der Kunstwerke, wenn jene höhere Kunst, die Kunst der Feste, uns abhanden kommt! Ehemals waren alle Kunstwerke an der großen Feststraße der Menschheit aufgestellt, als Erinnerungszeichen und Denkmäler hoher und seliger Momente. Jetzt will man mit den Kunstwerken die armen Erschöpften und Kranken von der großen Leidensstraße der Menschheit beiseitelocken, für ein lüsternes Augenblickchen; man bietet ihnen einen kleinen Rausch und Wahnsinn an.

FW 89

Das Raub-Genie in den Künsten, das selbst feine Geister zu täuschen weiß, entsteht, wenn jemand unbedenklich von jung an alles Gute, welches nicht geradezu vom Gesetz als Eigentum einer bestimmten Person in Schutz genommen ist, als freie Beute betrachtet. Nun liegt alles Gute vergangener Zeiten und Meister frei umher, eingehegt und behütet durch die verehrende Scheu der wenigen, die es erkennen: Diesen wenigen bietet jenes Genie, Kraft seines Mangels an Scham, Trotz und häuft sich einen Reichtum auf, der selber wieder Verehrung und Scheu erzeugt.

MA II, Vermischte Meinungen und Sprüche 110

Der glücklichste Fall in der Entwicklung einer Kunst ist der, dass mehrere Genies sich gegenseitig in Schranken halten; bei diesem Kampfe wird gewöhnlich den schwächeren und zarteren Naturen auch Luft und Licht gegönnt.   Aus: MA I 158

Wer die feineren vier Sinne der Kunst nicht hat, sucht alles mit dem gröbsten, dem fünften zu verstehen: Dies ist der dramatische Sinn.

MA II, Der Wanderer und sein Schatten 117

Das Publikum wird, wenn es über Gemälde nachdenkt, dabei zum Dichter, und wenn es über

Gedichte nachdenkt, zum Forscher. Im Augenblick, da der Künstler es anruft, fehlt es ihm immer am *rechten* Sinn, nicht also an der Geistes-, sondern an der Sinnesgegenwart.

MA II, Der Wanderer und sein Schatten 134

Der Kampf gegen den Zweck in der Kunst ist immer der Kampf gegen die *moralisierende* Tendenz in der Kunst, gegen ihre Unterordnung unter die Moral. *L'art pour l'art* heißt: *Der Teufel hole die Moral!*

Aus: GD, Streifzüge eines Unzeitgemäßen 24

Wir sollen auch *über* der Moral stehen *können*: und nicht nur stehen, mit der ängstlichen Steifigkeit eines solchen, der jeden Augenblick auszugleiten und zu fallen fürchtet, sondern auch über ihr schweben und spielen! Wie könnten wir dazu der Kunst, wie des Narren entbehren? Aus: FW 107

Brot neutralisiert den Geschmack anderer Speisen, wischt ihn weg; deshalb gehört es zu jeder längeren Mahlzeit. In allen Kunstwerken muss es etwas wie Brot geben, damit es verschiedene Wirkungen in ihnen geben könne: welche, unmittelbar und ohne ein solches zeitweiliges Ausruhen und Pausieren aufeinanderfolgend, schnell erschöpfen und Widerwillen machen würden, sodass eine *längere* Mahlzeit der Kunst unmöglich wäre. MA II, Der Wanderer und sein Schatten 98

Die Formen eines Kunstwerkes, welche seine Gedanken zum Reden bringen, also seine Art zu sprechen sind, haben immer etwas Lässliches, wie alle Art Sprache. Aus: MA I 171

Was ist uns jetzt die Schönheit eines Gebäudes? Dasselbe wie das schöne Gesicht einer geistlosen Frau: etwas Maskenhaftes. Aus: MA I 218

Ein Werk, das den Eindruck des Gesunden machen soll, darf höchstens mit drei Viertel der Kraft seines Urhebers hervorgebracht sein. Ist er dagegen bis an seine äußerste Grenze gegangen, so regt das Werk den Betrachtenden auf und ängstigt ihn durch seine Spannung. Alle guten Dinge haben etwas Lässiges und liegen wie Kühe auf der Wiese.

MA II, Vermischte Meinungen und Sprüche 107

Je gedankenfähiger Auge und Ohr werden, umso mehr kommen sie an die Grenze, wo sie unsinnlich werden: Die Freude wird ins Gehirn verlegt, die Sinnesorgane selbst werden stumpf und schwach, das Symbolische tritt immer mehr an Stelle des Seienden – und so gelangen wir auf diesem Wege so sicher zur Barbarei wie auf irgendeinem anderen.

Aus: MA I 217

Die edelste Art der Schönheit ist die, welche nicht auf einmal hinreißt, welche nicht stürmische und berauschende Angriffe macht (eine solche erweckt leicht Ekel), sondern jene langsam einsickernde, welche man fast unbemerkt mit sich fortträgt und die einem im Traum einmal wiederbegegnet, endlich aber, nachdem sie lange mit Bescheidenheit an unserm Herzen gelegen, von uns ganz Besitz nimmt, unser Auge mit Tränen, unser Herz mit Sehnsucht füllt. – Wonach sehnen wir uns beim Anblick der Schönheit? Danach, schön zu sein: Wir wähnen, es müsse viel Glück damit verbunden sein. – Aber das ist ein Irrtum.

Aus: MA I 149

Wenn das Schöne gleich dem Erfreuenden ist – und so sangen es ja einmal die Musen –, so ist das Nützliche der oftmals notwendige *Umweg zum Schönen* und kann den kurzsichtigen Tadel der Augenblicks-Menschen, die nicht warten wollen und alles Gute ohne Umwege zu erreichen denken, mit gutem Recht zurückweisen.

MA II, Vermischte Meinungen und Sprüche 101

Nichts wird von Künstlern, Dichtern und Schrift-
stellern mehr gefürchtet als jenes Auge, welches
ihren *kleinen Betrug* sieht, welches nachträglich
wahrnimmt, wie oft sie an dem Grenzwege gestan-
den haben, wo es entweder zur unschuldigen Lust
an sich selber oder zum Effekt-Machen abführte;
welches ihnen nachrechnet, wenn sie Wenig für Viel
verkaufen wollten, wenn sie zu erheben und zu
schmücken suchten, ohne selber erhoben zu sein;
welches den Gedanken durch allen Trug ihrer Kunst
hindurch so sieht, wie er zuerst vor ihnen stand,
vielleicht wie eine entzückende Lichtgestalt, vielleicht aber auch als ein Diebstahl an aller Welt, als
ein Alltags-Gedanke, den sie dehnen, kürzen, färben, einwickeln, würzen mussten, um etwas aus ihm
zu machen, anstatt dass der Gedanke etwas aus
ihnen machte – oh dieses Auge, welches alle eure
Unruhe, euer Spähen und Gieren, euer Nachmachen
und Überbieten (dies ist nur ein neichsches Nachmachen) eurem Werke anmerkt, welches eure
Schamröte so gut kennt wie eure Kunst, diese Röte
zu verbergen und vor euch selber umzudeuten!

M 223

Mit den Werken der Kunst steht es wie mit dem
Weine: Noch besser ist es, wenn man beide nicht
nötig hat, sich an Wasser hält und das Wasser aus

innerem Feuer, innerer Süße der Seele immer wieder von selber in Wein verwandelt.

MA II, Vermischte Meinungen und Sprüche 109

Das Glück der Erkennenden mehrt die Schönheit der Welt und macht alles, was da ist, sonniger; die Erkenntnis legt ihre Schönheit nicht nur um die Dinge, sondern, auf die Dauer, in die Dinge – möge die zukünftige Menschheit für diesen Satz ihr Zeugnis abgeben!

Aus: M 550

Wie die Maler, welche den tiefen, leuchtenden Ton des wirklichen Himmels auf keine Weise erreichen können, genötigt sind, alle Farben, die sie zu ihrer Landschaft brauchen, um ein paar Töne niedriger zu nehmen, als die Natur sie zeigt: wie sie durch diesen Kunstgriff wieder eine Ähnlichkeit im Glanze und eine Harmonie der Töne erreichen, welche der in der Natur entspricht: So müssen sich auch Dichter und Philosophen zu helfen wissen, denen der leuchtende Glanz des Glückes unerreichbar ist; indem sie alle Dinge um einige Grade dunkler färben, als sie sind, wirkt ihr Licht, auf welches sie sich verstehen, beinahe sonnenhaft und dem Lichte des vollen Glücks ähnlich.

Aus: M 561

Nichts ist bedingter, sagen wir *beschränkter*, als unser Gefühl des Schönen. Wer es losgelöst von der Lust des Menschen am Menschen denken wollte, verlöre sofort Grund und Boden unter den Füßen. Das *Schöne an sich* ist bloß ein Wort, nicht einmal ein Begriff. Aus: GD, Streifzüge eines Unzeitgemäßen 19

Wie kommt es, dass die Gesundheiten nicht so ansteckend sind wie die Krankheiten – überhaupt, und namentlich im Geschmack? Oder gibt es Epidemien der Gesundheit?

MA II, Der Wanderer und sein Schatten 129

Ist man aus einem Stoffe mit einem Buche oder Kunstwerk, so meint man ganz innerlich, es müsse vortrefflich sein, und ist beleidigt, wenn andere es hässlich, überwürzt oder großtuerisch finden.

MA II, Vermischte Meinungen und Sprüche 104

Vermöge der Musik genießen sich die Leidenschaften selbst. JGB 106

Ich könnte mir eine Musik denken, deren seltenster Zauber darin bestünde, dass sie von Gut und Böse nichts mehr wüsste, nur dass vielleicht irgendein Schiffer-Heimweh, irgendwelche goldne Schatten und zärtliche Schwächen hier und da über sie hinwegliefen: eine Kunst, welche von großer Ferne her die Farben einer untergehenden, fast unverständlich gewordenen *moralischen* Welt zu sich flüchten sähe und die gastfreundlich und tief genug zum Empfang solcher späten Flüchtlinge wäre. Aus: JGB 255

Das Ohr, das Organ der Furcht, hat sich nur in der Nacht und in der Halbnacht dunkler Wälder und Höhlen so reich entwickeln können, wie es sich entwickelt hat, gemäß der Lebensweise des furchtsamen, das heißt des allerlängsten menschlichen Zeitalters, welches es gegeben hat: Im Hellen ist das Ohr weniger nötig. Daher der Charakter der Musik, als einer Kunst der Nacht und Halbnacht. M 250

Gesetzt, man schätzte den *Wert* einer Musik danach ab, wie viel von ihr gezählt, berechnet, in Formeln gebracht werden könne – wie absurd wäre eine solche *wissenschaftliche* Abschätzung der Musik! Was hätte man von ihr begriffen, verstanden, erkannt! Nichts, geradezu nichts von dem, was eigentlich an ihr *Musik* ist! Aus: FW 373

Der große Stil entsteht, wenn das Schöne den Sieg über das Ungeheure davonträgt.

MA II, Der Wanderer und sein Schatten 96

Der gefundene Stil ist eine Beleidigung für den Freund des gesuchten Stils.

MA II, Der Wanderer und sein Schatten 120

Dieser Künstler ist ehrgeizig und nichts weiter: Zuletzt ist sein Werk nur ein Vergrößerungsglas, welches er jedermann anbietet, der nach ihm hinblickt.

FW 241

Die Muse des Dichters, der nicht in die Wirklichkeit *verliebt* ist, wird eben nicht die Wirklichkeit sein und ihm hohläugige und allzu zartknochichte Kinder gebären. MA II, Vermischte Meinungen und Sprüche 135

Bemalte Gerippe: Das sind jene Autoren, welche das, was ihnen an Fleisch abgeht, durch künstliche Farben ersetzen möchten.

MA II, Der Wanderer und sein Schatten 147

Wie der gute Prosaschriftsteller nur Worte nimmt, welche der Umgangssprache angehören, doch lange nicht alle Worte derselben – wodurch eben der gewählte Stil entsteht –, so wird der gute Dichter der Zukunft *nur Wirkliches* darstellen und von allen phantastischen, abergläubischen, halbredlichen, abgeklungenen Gegenständen, an denen frühere Dichter ihre Kraft zeigten, völlig absehen. Nur

Wirklichkeit, aber lange nicht jede Wirklichkeit! – sondern eine gewählte Wirklichkeit!

MA II, Vermischte Meinungen und Sprüche 114

Dichter und Künstler, die an Engbrüstigkeit des Gefühls leiden, lassen ihre Helden am meisten keuchen: Sie verstehen sich auf das leichte Atmen nicht.

MA II, Der Wanderer und sein Schatten 142

Welche Marter sind deutsch geschriebene Bücher für den, der das *dritte* Ohr hat! Wie unwillig steht er neben dem langsam sich drehenden Sumpfe von Klängen ohne Klang, von Rhythmen ohne Tanz, welcher bei Deutschen ein *Buch* genannt wird! Und gar der Deutsche, der Bücher *liest*! Wie faul, wie widerwillig, wie schlecht liest er! Wie viele Deutsche wissen es und fordern es von sich zu wissen, dass *Kunst* in jedem guten Satze steckt – Kunst, die erraten sein will, sofern der Satz verstanden sein will! Ein Missverständnis über sein Tempo zum Beispiel: und der Satz selbst ist missverstanden! Dass man über die rhythmisch entscheidenden Silben nicht im Zweifel sein darf, dass man die Brechung der allzu strengen Symmetrie als gewollt und als Reiz fühlt, dass man jedem staccato, jedem rubato ein feines geduldiges Ohr hinhält, dass man den Sinn in der Folge der Vokale und Diphthongen rät, und wie zart und reich sie in ihrem Hintereinander sich färben und umfärben können: Wer unter bücherlesenden Deutschen ist gutwillig genug, solchergestalt Pflichten und Forderungen anzuerkennen und auf so viel Kunst und Absicht in der Sprache hinzuhorchen? Man hat zuletzt eben *das Ohr nicht dafür*: Und so werden die stärksten Gegensätze des Stils nicht gehört, und die feinste Künstlerschaft ist wie vor Tauben *verschwendet*.   Aus: JGB 246

Der Autor hat den Mund zu halten, wenn sein Werk den Mund auftut.

MA II, Vermischte Meinungen und Sprüche 140

Das Buch soll nach Feder, Tinte und Schreibtisch verlangen: Aber gewöhnlich verlangen Feder, Tinte und Schreibtisch nach dem Buche. Deshalb ist es jetzt so wenig mit Büchern.

MA II, Der Wanderer und sein Schatten 133

Die meisten Denker schreiben schlecht, weil sie uns nicht nur ihre Gedanken, sondern auch das Denken der Gedanken mitteilen.   MA I 188

Ein guter Schriftsteller hat nicht nur seinen eigenen Geist, sondern auch noch den Geist seiner Freunde.

MA I 180

Eine gute Sentenz ist zu hart für den Zahn der Zeit und wird von allen Jahrtausenden nicht aufgezehrt, obwohl sie jeder Zeit zur Nahrung dient: Dadurch ist sie das große Paradoxon in der Literatur, das Unvergängliche inmitten des Wechselnden, die Speise, welche immer geschätzt bleibt, wie das Salz, und niemals, wie selbst dieses, dumm wird.

MA II, Vermischte Meinungen und Sprüche 168

Manche Schriftsteller sind weder Geist noch Wein, aber Weingeist: Sie können in Flammen geraten und geben dann Wärme.

MA II, Der Wanderer und sein Schatten 101

Das Unglück scharfsinniger und klarer Schriftsteller ist, dass man sie für flach nimmt und deshalb ihnen keine Mühe zuwendet: und das Glück der unklaren, dass der Leser sich an ihnen abmüht und die Freude über seinen Eifer ihnen zuguteschreibt.

MA I 181

Wir werden manchem Künstler oder Schriftsteller feindlich, nicht weil wir endlich merken, dass er uns hintergangen hat, sondern weil er nicht feinere Mittel für nötig befand, um uns zu fangen.

MA II, Vermischte Meinungen und Sprüche 250

Es gibt Schriftsteller, welche dadurch, dass sie Unmögliches als möglich darstellen und vom Sittlichen und Genialen so reden, als ob beides nur eine Laune, ein Belieben sei, ein Gefühl von übermütiger Freiheit hervorbringen, wie wenn der Mensch sich auf die Fußspitzen stellte und vor innerer Lust durchaus tanzen müsste. MA I 206

Die witzigsten Autoren erzeugen das kaum bemerkbarste Lächeln. MA I 186

Der Witz ist das Epigramm auf den Tod eines Gefühls. MA II, Vermischte Meinungen und Sprüche 202

Der beste Autor wird der sein, welcher sich schämt, Schriftsteller zu werden. MA I 192

Der Dichter führt seine Gedanken festlich daher, auf dem Wagen des Rhythmus: gewöhnlich deshalb, weil diese zu Fuß nicht gehen können. MA I 189

Was ist an einem Buche gelegen, das uns nicht einmal über alle Bücher hinwegträgt? FW 248

Alle Dichter und Schriftsteller, welche in den Superlativ verliebt sind, wollen mehr, als sie können.

MA II, Vermischte Meinungen und Sprüche 141

Ein guter Autor, der wirklich das Herz für seine Sache hat, wünscht, dass jemand komme und ihn selber dadurch vernichte, dass er dieselbe Sache deutlicher darstelle und die in ihr enthaltenen Fragen ohne Rest beantworte.

Aus: MA I 57

Ich kenne keine herzzerreißendere Lektüre als Shakespeare: Was muss ein Mensch gelitten haben, um dergestalt es nötig zu haben, Hanswurst zu sein! – *Versteht* man den Hamlet? Nicht der Zweifel, die *Gewissheit* ist das, was wahnsinnig macht … Aber dazu muss man tief, Abgrund, Philosoph sein, um so zu fühlen …

Aus: EH, Warum ich so klug bin 4

Die schlechtesten Leser von Sentenzen sind die Freunde ihres Urhebers, im Fall sie beflissen sind, aus dem Allgemeinen wieder auf das Besondere zurückzuraten, dem die Sentenz ihren Ursprung verdankt: Denn durch diese Topfguckerei machen sie die ganze Mühe des Autors zunichte, sodass sie nun verdientermaßen anstatt einer philosophischen Stimmung und Belehrung besten- oder schlimmstenfalls nichts als die Befriedigung der gemeinen Neugierde zum Gewinn erhalten.

MA II, Vermischte Meinungen und Sprüche 129

Wer den Leser kennt, der tut nichts mehr für den Leser. Noch ein Jahrhundert Leser – und der Geist selber wird stinken. Aus: Z, Vom Lesen und Schreiben

Es ist ein Nachteil für gute Gedanken, wenn sie zu rasch aufeinanderfolgen; sie verdecken sich gegenseitig die Aussicht. – Deshalb haben die größten Künstler und Schriftsteller reichlichen Gebrauch vom Mittelmäßigen gemacht.

MA II, Vermischte Meinungen und Sprüche 120

Den Künstler wird man bald als ein herrliches Überbleibsel ansehen und ihm, wie einem wunderbaren Fremden, an dessen Kraft und Schönheit das Glück früherer Zeiten hing, Ehren erweisen, wie wir sie nicht leicht unseresgleichen gönnen. Das Beste an uns ist vielleicht aus Empfindungen früherer Zeiten vererbt, zu denen wir jetzt auf unmittelbarem Wege kaum mehr kommen können; die Sonne ist schon hinuntergegangen, aber der Himmel unseres Lebens glüht und leuchtet noch von ihr her, ob wir sie schon nicht mehr sehen. Aus: MA I 223

Wer im Leben das Schöne dem Nützlichen vorzieht, wird sich gewiss zuletzt, wie das Kind, welches Zuckerwerk dem Brote vorzieht, den Magen verderben und sehr verdrießlich in die Welt sehen.

MA II, Vermischte Meinungen und Sprüche 364

Die Kunst geht von der natürlichen *Unwissenheit* des Menschen über sein Inneres (in Leib und Charakter) aus: Sie ist nicht für Physiker und Philosophen da. Aus: MA I 160

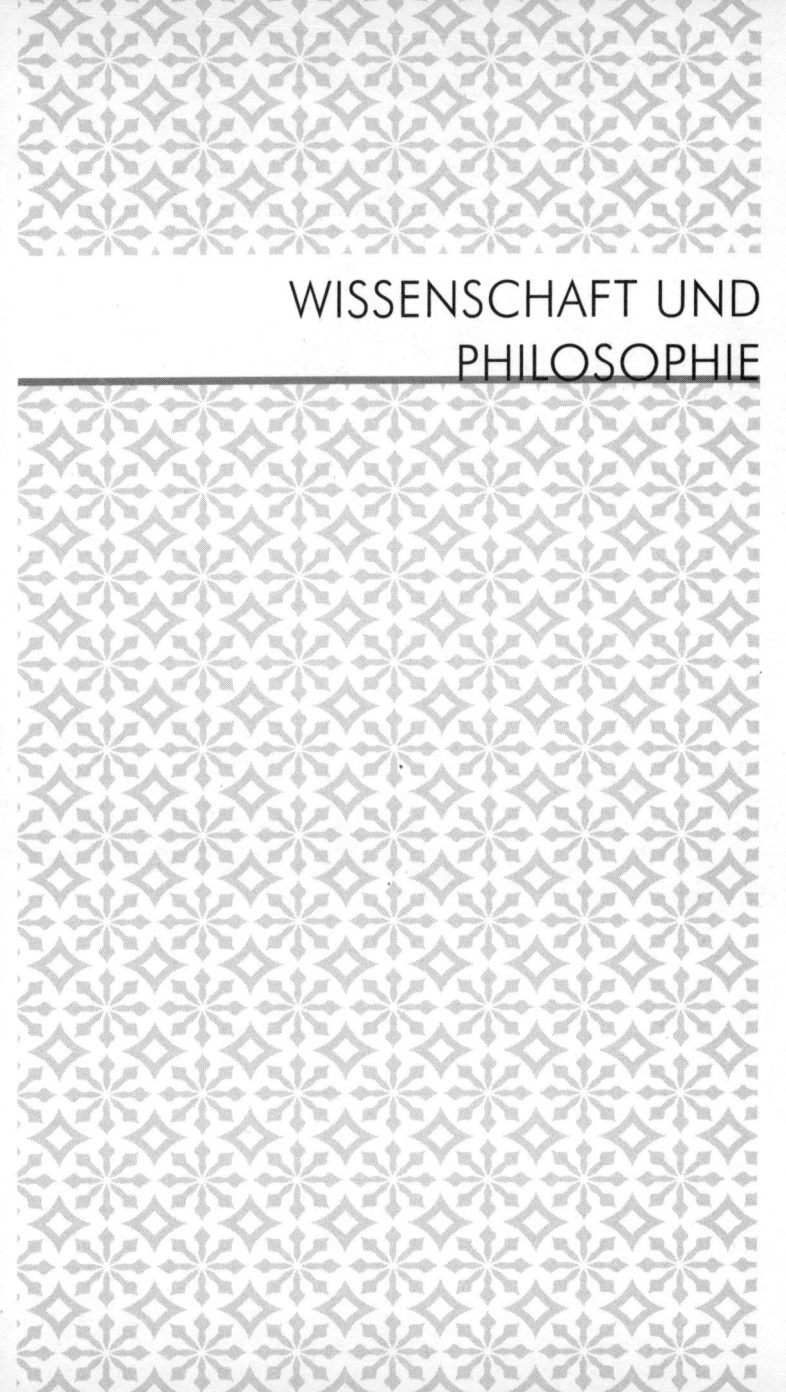

WISSENSCHAFT UND
PHILOSOPHIE

Der wissenschaftliche Mensch ist die Weiterent-
wicklung des künstlerischen.   Aus: MA I 222

Man hat dem Christentum, den Philosophen, Dichtern, Musikern eine Überfülle tief erregter Empfindungen zu danken: Damit diese uns nicht über-
wuchern, müssen wir den Geist der Wissenschaft
beschwören, welcher im Ganzen etwas kälter und
skeptischer macht und namentlich den Glutstrom
des Glaubens an letzte endgültige Wahrheiten
abkühlt; er ist vornehmlich durch das Christentum
so wild geworden.   Aus: MA I 244

Seht euch vor, ihr Philosophen und Freunde der
Erkenntnis, und hütet euch vor dem Martyrium!
Vor dem Leiden *um der Wahrheit willen*! Selbst vor
der eigenen Verteidigung! Es verdirbt eurem Gewissen alle Unschuld und feine Neutralität, es macht
euch halsstarrig gegen Einwände und rote Tücher,
es verdummt, vertiert und verstiert, wenn ihr im
Kampfe mit Gefahr, Verlästerung, Verdächtigung,
Ausstoßung und noch gröberen Folgen der Feindschaft, zuletzt euch gar als Verteidiger der Wahrheit
auf Erden ausspielen müsst – als ob *die Wahrheit*
eine so harmlose und täppische Person wäre, dass
sie Verteidiger nötig hätte!   Aus: JGB 25

Ein Philosoph: Das ist ein Mensch, der beständig außerordentliche Dinge erlebt, sieht, hört, argwöhnt, hofft, träumt; der von seinen eignen Gedanken wie von außen her, wie von oben und unten her, als von *seiner* Art Ereignissen und Blitzschlägen getroffen wird; der selbst vielleicht ein Gewitter ist, welches mit neuen Blitzen schwanger geht; ein verhängnisvoller Mensch, um den herum es immer grollt und brummt und klafft und unheimlich zugeht. Ein Philosoph: ach, ein Wesen, das oft von sich davon läuft, oft vor sich Furcht hat – aber zu neugierig ist, um nicht immer wieder *zu sich zu kommen* …   JGB 292

Man muss Religion und Kunst wie Mutter und Amme geliebt haben – sonst kann man nicht weise werden. Aber man muss über sie hinaussehen, ihnen entwachsen können; bleibt man in ihrem Banne, so versteht man sie nicht.   Aus: MA I 292

Die Wissenschaft bedarf *edlerer* Naturen als die Dichtkunst: Sie müssen einfacher, weniger ehrgeizig, enthaltsamer, stiller, nicht so auf Nachruhm bedacht sein und sich über Sachen vergessen, welche selten dem Auge vieler eines solchen Opfers der Persönlichkeit würdig erscheinen. Dazu kommt eine andere Einbuße, deren sie sich bewusst sind: Die Art ihrer Beschäftigung, die fortwährende Aufforderung zur größten Nüchternheit schwächt ihren *Willen*, das Feuer wird nicht so stark unterhalten wie auf dem Herde der dichterischen Naturen: Und deshalb verlieren sie häufig in früheren Lebensjahren als jene ihre höchste Kraft und Blüte – und wie gesagt, sie *wissen* um diese Gefahr. Unter allen Umständen *erscheinen* sie unbegabter, weil sie weniger glänzen, und werden für weniger gelten, als sie sind.   MA II, Vermischte Meinungen und Sprüche 206

Das Erstaunliche in der Wissenschaft ist dem Erstaunlichen in der Kunst des Taschenspielers entgegengesetzt. Denn dieser will uns dafür gewinnen, eine sehr einfache Kausalität dort zu sehen, wo in Wahrheit eine sehr komplizierte Kausalität in Tätigkeit ist. Die Wissenschaft dagegen nötigt uns, den Glauben an einfache Kausalitäten gerade dort aufzugeben, wo alles so leicht begreiflich scheint und wir die Narren des Augenscheins sind. Die einfachsten Dinge sind sehr kompliziert – man kann sich nicht genug darüber verwundern!   M 6

Man muss zum Zwecke der Erkenntnis jene innere Strömung zu benutzen wissen, welche uns zu einer Sache hinzieht, und wiederum jene, welche uns nach einer Zeit von der Sache fortzieht.   MA I 500

Wer sein Instrument nur mit zwei Saiten bespannt hat, wie die Gelehrten, welche außer dem *Wissenstriebe* nur noch einen anerzogenen *religiösen* haben, der versteht solche Menschen nicht, welche auf mehr Saiten spielen können. Es liegt im Wesen der höheren *vielsaitigeren* Kultur, dass sie von der niederen immer falsch gedeutet wird; wie dies zum Beispiel geschieht, wenn die Kunst als eine verkappte Form des Religiösen gilt. Ja, Leute, die nur religiös sind, verstehen selbst die Wissenschaft als Suchen des religiösen Gefühls, so wie Taubstumme nicht wissen, was Musik ist, wenn nicht sichtbare Bewegung.

MA I 281

Der Mangel an Person rächt sich überall; eine geschwächte, dünne, ausgelöschte, sich selbst leugnende und verleugnende Persönlichkeit taugt zu keinem guten Dinge mehr – sie taugt am wenigsten zur Philosophie. Die *Selbstlosigkeit* hat keinen Wert im Himmel und auf Erden; die großen Probleme verlangen alle die *große Liebe*, und dieser sind nur die starken, runden, sicheren Geister fähig, die fest auf sich selber sitzen.

Aus: FW 345

Wahrscheinlichkeit, aber keine Wahrheit: Freischeinlichkeit, aber keine Freiheit – diese beiden Früchte sind es, derentwegen der Baum der Erkenntnis nicht mit dem Baum des Lebens verwechselt werden kann. MA II, Der Wanderer und sein Schatten 1

Bei der Erkenntnis der Wahrheit kommt es darauf an, dass man sie *hat*, nicht darauf, aus welchem Antriebe man sie gesucht, auf welchem Wege man sie gefunden hat. Aus: MA I 225

Wenn wir die Wahrheit auf den Kopf stellen, bemerken wir gewöhnlich nicht, dass auch unser Kopf nicht dort steht, wo er stehen sollte.

MA II, Vermischte Meinungen und Sprüche 208

Es ist ein vollkommenes Zeichen für die Güte einer Theorie, wenn ihr Urheber *vierzig Jahre* lang kein Misstrauen gegen sie bekommt; aber ich behaupte, dass es noch keinen Philosophen gegeben hat, welcher auf die Philosophie, die seine Jugend erfand, nicht endlich mit Geringschätzung – mindestens mit Argwohn – herabgesehen hätte. – Vielleicht hat er aber nicht öffentlich von dieser Umstimmung gesprochen, aus Ehrsucht oder – wie es bei edlen Naturen wahrscheinlicher ist – aus zarter Schonung seiner Anhänger. MA I 253

An einer Theorie ist wahrhaftig nicht ihr geringster Reiz, dass sie widerlegbar ist: Gerade damit zieht sie feinere Köpfe an. Es scheint, dass die hundertfach widerlegte Theorie vom *freien Willen* ihre Fortdauer nur noch diesem Reize verdankt –: Immer wieder kommt jemand und fühlt sich stark genug, sie zu widerlegen.

JGB 18

Die Wissenschaft gibt dem, welcher in ihr arbeitet und sucht, viel Vergnügen, dem, welcher ihre Ergebnisse *lernt*, sehr wenig. Da allmählich aber alle wichtigen Wahrheiten der Wissenschaft alltäglich und gemein werden müssen, so hört auch dieses wenige Vergnügen auf: so wie wir beim Lernen des so bewunderungswürdigen Einmaleins längst aufgehört haben, uns zu freuen. Wenn nun die Wissenschaft immer weniger Freude durch sich macht und immer mehr Freude, durch Verdächtigung der tröstlichen Metaphysik, Religion und Kunst, nimmt: So verarmt jene größte Quelle der Lust, welcher die Menschheit fast ihr gesamtes Menschentum verdankt. Deshalb muss eine höhere Kultur dem Menschen ein Doppelgehirn, gleichsam zwei Hirnkammern geben, einmal um Wissenschaft, sodann um Nicht-Wissenschaft zu empfinden: nebeneinanderliegend, ohne Verwirrung, trennbar, abschließbar; es ist dies eine Forderung der Gesundheit.

Aus: MA I 251

Alle die haben kein wirkliches Interesse an einer Wissenschaft, welche erst dann anfangen, für sie warm zu werden, wenn sie selbst Entdeckungen in ihr gemacht haben.   MA I 182

Der objektive Mensch ist ein Werkzeug, ein kostbares, leicht verletzliches und getrübtes Mess-Werkzeug und Spiegel-Kunstwerk, das man schonen und ehren soll; aber er ist kein Ziel, kein Ausgang und Aufgang, kein komplementärer Mensch, in dem das *übrige* Dasein sich rechtfertigt, kein Schluss – und noch weniger ein Anfang, eine Zeugung und erste Ursache, nichts Derbes, Mächtiges, Auf-sich-Gestelltes, das Herr sein will: vielmehr nur ein zarter ausgeblasener feiner beweglicher Formen-Topf, der auf irgendeinen Inhalt und Gehalt erst warten muss, um sich nach ihm *zu gestalten* – für gewöhnlich ein Mensch ohne Gehalt und Inhalt, ein *selbstloser* Mensch. Folglich auch nichts für Weiber, *in parenthesi*.   Aus: JGB 207

Es gibt keine allein wissend machende Methode der Wissenschaft! Wir müssen versuchsweise mit den Dingen verfahren, bald böse, bald gut gegen sie sein und Gerechtigkeit, Leidenschaft und Kälte nacheinander für sie haben. Dieser redet mit den Dingen als Polizist, jener als Beichtvater, ein Dritter als

Wanderer und Neugieriger. Bald mit Sympathie, bald mit Vergewaltigung wird man ihnen etwas abdringen; einen führt Ehrfurcht vor ihren Geheimnissen vorwärts und zur Einsicht, einen wiederum Indiskretion und Schelmerei in der Erklärung von Geheimnissen. Wir Forscher sind wie alle Eroberer, Entdecker, Schifffahrer, Abenteurer von einer verwegenen Moralität und müssen es uns gefallen lassen, im Ganzen für böse zu gelten. M 432

Für die Höhe der Berge ist die Mühsal ihrer Besteigung durchaus kein Maßstab. Und in der Wissenschaft soll es anders sein! – sagen uns Einige, die für eingeweiht gelten wollen –, die Mühsal um die Wahrheit soll gerade über den Wert der Wahrheit entscheiden! Diese tolle Moral geht von dem Gedanken aus, dass die *Wahrheiten* eigentlich nichts weiter seien als Turngerätschaften, an denen wir uns wacker müde zu arbeiten hätten – eine Moral für Athleten und Festturner des Geistes.

MA II, Der Wanderer und sein Schatten 4

Auf leidenschaftliche Geister wirkt der Blick durch das Tor der Wissenschaft wie der Zauber aller Zauber; und vermutlich werden sie dabei zu Phantasten und im günstigen Falle zu Dichtern: So heftig ist ihre Begierde nach dem Glück der Erkennenden. Aus: M 450

Wir wollen die Feinheit und Strenge der Mathematik in alle Wissenschaften hineintreiben, so weit dies nur irgend möglich ist, nicht im Glauben, dass wir auf diesem Wege die Dinge erkennen werden, sondern um damit unsere menschliche Relation zu den Dingen *festzustellen*. Die Mathematik ist nur das Mittel der allgemeinen und letzten Menschenkenntnis. FW 246

Wir haben uns eine Welt zurechtgemacht, in der wir leben können – mit der Annahme von Körpern, Linien, Flächen, Ursachen und Wirkungen, Bewegung und Ruhe, Gestalt und Inhalt: Ohne diese Glaubensartikel hielte es jetzt keiner aus zu leben! Aber damit sind sie noch nichts Bewiesenes. Das Leben ist kein Argument; unter den Bedingungen des Lebens könnte der Irrtum sein. FW 121

Ein regelmäßiger und schneller Fortschritt der Wissenschaften ist nur möglich, wenn der Einzelne *nicht zu misstrauisch* sein muss, um jede Rechnung und Behauptung anderer nachzuprüfen, auf Gebieten, die ihm ferner liegen: Dazu aber ist die Bedingung, dass jeder auf seinem eigenen Felde Mitbewerber hat, die *äußerst misstrauisch* sind und ihm scharf auf die Finger sehen. Aus diesem Nebeneinander von *nicht zu misstrauisch* und *äußerst miss-*

trauisch entsteht die Rechtschaffenheit in der Gelehrten-Republik.

MA II, Vermischte Meinungen und Sprüche 215

Es will mir immer mehr so scheinen, dass der Philosoph als ein *notwendiger* Mensch des Morgens und Übermorgens sich jederzeit mit seinem Heute in Widerspruch befunden hat und befinden *musste*: Sein Feind war jedes Mal das Ideal von heute.

Aus: JGB 212

Glaubt ihr denn, dass die Wissenschaften entstanden und groß geworden wären, wenn ihnen nicht die Zauberer, Alchimisten, Astrologen und Hexen vorangelaufen wären als die, welche mit ihren Verheißungen und Vorspiegelungen erst Durst, Hunger und Wohlgeschmack an *verborgenen und verbotenen* Mächten schaffen mussten? Ja, dass unendlich mehr hat *verheißen* werden müssen, als je erfüllt werden kann, damit überhaupt etwas im Reiche der Erkenntnis sich erfülle? Aus: FW 300

Die moderne Wissenschaft hat als Ziel: so wenig Schmerz wie möglich, so lange leben wie möglich – also eine Art von ewiger Seligkeit, freilich eine sehr bescheidene im Vergleich mit den Verheißungen der Religionen. MA I 128

Der Intellekt ist bei den allermeisten eine schwerfällige, finstere und knarrende Maschine, welche übel in Gang zu bringen ist: Sie nennen es *die Sache ernst nehmen*, wenn sie mit dieser Maschine arbeiten und gut denken wollen – oh, wie lästig muss ihnen das Gut-Denken sein! Die liebliche Bestie Mensch verliert jedes Mal, wie es scheint, die gute Laune, wenn sie gut denkt; sie wird *ernst*! Und *wo Lachen und Fröhlichkeit ist, da taugt das Denken nichts* – so lautet das Vorurteil dieser ernsten Bestie gegen alle *fröhliche Wissenschaft*. – Wohlan! Zeigen wir, dass es ein Vorurteil ist! FW 327

Die Bücher und Niederschriften sind bei verschiedenen Denkern Verschiedenes: Der eine hat im Buche die Lichter zusammengebracht, die er geschwind aus den Strahlen einer ihm aufleuchtenden Erkenntnis wegzustehlen und heimzutragen wusste; ein anderer gibt nur die Schatten, die Nachbilder in Grau und Schwarz von dem wieder, was Tags zuvor in seiner Seele sich aufbaute. FW 90

Die Natur schießt den Philosophen wie einen Pfeil in die Menschen hinein, sie zielt nicht, aber sie hofft, dass der Pfeil irgendwo hängen bleiben wird.

Aus: UB III 7 (Schopenhauer als Erzieher)

Was ein Philosoph ist, das ist deshalb schlecht zu lernen, weil es nicht zu lehren ist: Man muss es *wissen*, aus Erfahrung – oder man soll den Stolz haben, es *nicht* zu wissen. Aus: JGB 213

Je freudiger und sicherer der Geist wird, umso mehr verlernt der Mensch das laute Gelächter; dagegen quillt ihm ein geistiges Lächeln fortwährend auf, ein Zeichen seines Verwunderns über die zahllosen versteckten Annehmlichkeiten des guten Daseins.

MA II, Der Wanderer und sein Schatten 173

Der Philosoph glaubt, der Wert seiner Philosophie liege im Ganzen, im Bau: Die Nachwelt findet ihn im Stein, mit dem er baute und mit dem, von da an, noch oft und besser gebaut wird: also darin, dass jener Bau zerstört werden kann und *doch noch* als Material Wert hat. MA II, Vermischte Meinungen und Sprüche 201

Das Halbwissen ist siegreicher als das Ganzwissen: Es kennt die Dinge einfacher, als sie sind, und macht daher seine Meinung fasslicher und überzeugender.

MA I 578

Wir drücken unsere Gedanken immer mit den Worten aus, die uns zur Hand sind. Oder um meinen ganzen Verdacht auszudrücken: Wir haben in jedem Momente eben nur den Gedanken, für welchen uns die Worte zur Hand sind, die ihn ungefähr auszudrücken vermögen.   M 257

Mancher wird nur deshalb kein Denker, weil sein Gedächtnis zu gut ist.

MA II, Vermischte Meinungen und Sprüche 122

Gewöhnlich strebt man danach, für alle Lebenslagen und Ereignisse *eine* Haltung des Gemütes, *eine* Gattung von Ansichten zu erwerben – das nennt man vornehmlich philosophisch gesinnt sein. Aber für die Bereicherung der Erkenntnis mag es höheren Wert haben, nicht in dieser Weise sich zu uniformieren, sondern auf die leise Stimme der verschiedenen Lebenslagen zu hören; diese bringen ihre eigenen Ansichten mit sich. So nimmt man erkennenden Anteil am Leben und Wesen vieler, indem man sich selber nicht als starres, beständiges, eines Individuum behandelt.   MA I 618

Es gibt strömende, fließende, tröpfelnde Mineralquellen; und dementsprechend drei Arten von Denkern. Der Laie schätzt sie nach der Masse des Wassers, der Kenner nach dem Gehalt des Wassers ab, also nach dem, was eben *nicht* Wasser in ihnen ist.

MA II, Vermischte Meinungen und Sprüche 18

Hat man die Weisheit eines Philosophen eben eingenommen, so geht man durch die Straßen mit dem Gefühle, als sei man umgeschaffen und ein großer Mann geworden; denn man findet lauter solche, welche diese Weisheit nicht kennen, hat also über alles eine neue unbekannte Entscheidung vorzutragen: Weil man ein Gesetzbuch anerkennt, meint man jetzt auch sich als Richter gebärden zu müssen.

MA I 594

Die volle Entschiedenheit des Denkens und Forschens, also die Freigeisterei, zur Eigenschaft des Charakters geworden, macht im Handeln mäßig: Denn sie schwächt die Begehrlichkeit, zieht viel von der vorhandenen Energie an sich, zur Förderung geistiger Zwecke, und zeigt das Halbnützliche oder Unnütze und Gefährliche aller plötzlichen Veränderungen.

MA I 464

Wenn man den Unzufriedenen, Schwarzgalligen und Murrköpfen die Fortpflanzung verwehrte, so könnte man schon die Erde in einen Garten des Glücks verzaubern. – Dieser Satz gehört in eine praktische Philosophie für das weibliche Geschlecht.

MA II, Vermischte Meinungen und Sprüche 278

Auch die Segnungen und Beseligungen einer Philosophie, einer Religion beweisen für ihre Wahrheit nichts: ebenso wenig als das Glück, welches der Irrsinnige von seiner fixen Idee her genießt, etwas für die Vernünftigkeit dieser Idee beweist. Aus: MA I 161

Man glaubt unwillkürlich, die religiös gefärbten Abschnitte einer Philosophie seien besser bewiesen als die anderen; aber es ist im Grunde umgekehrt, man hat nur den inneren Wunsch, dass es so sein *möge* – also dass das Beseligende auch das Wahre sei. Dieser Wunsch verleitet uns, schlechte Gründe als gute einzukaufen. Aus: MA I 131

Seine Tugend nur zum höchsten Preise verkaufen oder gar mit ihr Wucher treiben, als Lehrer, Beamter, Künstler – macht aus Genie und Begabung eine Krämer-Angelegenheit. Mit seiner *Weisheit* soll man nun einmal nicht *klug* sein wollen! M 308

Es gibt höchst begabte Geister, welche nur deshalb immer unfruchtbar sind, weil sie, aus einer Schwäche des Temperamentes, zu ungeduldig sind, ihre Schwangerschaft abzuwarten.

MA II, Vermischte Meinungen und Sprüche 216

Was ist am Genie gelegen, wenn es nicht seinem Betrachter und Verehrer solche Freiheit und Höhe des Gefühls mitteilt, dass er des Genies nicht mehr bedarf! – *Sich überflüssig machen* – das ist der Ruhm aller Großen.

MA II, Vermischte Meinungen und Sprüche 407

Mit einer sehr lauten Stimme im Halse ist man fast außerstande, feine Sachen zu denken. FW 216

Die stillsten Worte sind es, welche den Sturm bringen. Gedanken, die mit Taubenfüßen kommen, lenken die Welt. Aus: Z, Die stillste Stunde

Die, welche zu ihren Werken und Taten gekommen sind, sie wissen nicht wie, gehen gewöhnlich hinterher umso mehr mit ihnen schwanger: wie um nachträglich zu beweisen, dass es ihre Kinder und nicht die des Zufalls sind.

MA II, Vermischte Meinungen und Sprüche 63

Personen, welche eine Sache in aller Tiefe erfassen, bleiben ihr selten auf immer treu. Sie haben eben die Tiefe ans Licht gebracht: Da gibt es immer viel Schlimmes zu sehen. MA I 489

Ich kenne keine andre Art, mit großen Aufgaben zu verkehren, als das *Spiel*: Dies ist, als Anzeichen der Größe, eine wesentliche Voraussetzung.

Aus: EH, Warum ich so klug bin 10

Eins muss man haben: entweder einen von Natur leichten Sinn oder einen durch Kunst und Wissen erleichterten Sinn. MA I 486

Was liegt an einem Denker, wenn er nicht gelegentlich seinen eigenen Tugenden zu entlaufen weiß! Er soll ja *nicht nur ein moralisches Wesen* sein! M 510

Freude an der Sache, so sagt man: Aber in Wahrheit ist es Freude an sich vermittelst einer Sache.

MA I 501

Wenn man klug ist, ist einem allein darum zu tun, dass man Freude im Herzen habe. – Ach, setzte jemand hinzu, wenn man klug ist, tut man am besten, **weise zu sein.** MA II, Der Wanderer und sein Schatten 300

Ist es nicht eine sehr lustige Sache, dass immer noch die ernstesten Philosophen, so streng sie es sonst mit aller Gewissheit nehmen, sich auf *Dichtersprüche* berufen, um ihren Gedanken Kraft und Glaubwürdigkeit zu geben? – Und doch ist es für eine Wahrheit gefährlicher, wenn der Dichter ihr zustimmt, als wenn er ihr widerspricht! Denn wie Homer sagt: *Viel ja lügen die Sänger!*

Aus: FW 84

Es gibt erstens oberflächliche Denker, zweitens tiefe Denker – solche, welche in die Tiefe einer Sache gehen –, drittens gründliche Denker, die einer Sache auf den Grund gehen – was sehr viel mehr wert ist, als nur in ihre Tiefe hinabsteigen! –, endlich solche, welche den Kopf in den Morast stecken: was doch weder ein Zeichen von Tiefe noch von Gründlichkeit sein sollte! Es sind die lieben Untergründlichen.

M 446

Er ist ein Denker: Das heißt, er versteht sich darauf, die Dinge einfacher zu nehmen, als sie sind.

FW 189

Die Langsamen der Erkenntnis meinen, die Langsamkeit gehöre zur Erkenntnis. FW 231

Was ist Originalität? Etwas sehen, das noch keinen Namen trägt, noch nicht genannt werden kann, ob es gleich vor aller Augen liegt. Wie die Menschen gewöhnlich sind, macht ihnen erst der Name ein Ding überhaupt sichtbar. – Die Originalen sind zumeist auch die Namengeber gewesen. FW 261

In der Tat, wir Philosophen und *freien Geister* fühlen uns bei der Nachricht, dass der *alte Gott tot* ist, wie von einer neuen Morgenröte angestrahlt; unser Herz strömt dabei über von Dankbarkeit, Erstaunen, Ahnung, Erwartung – endlich erscheint uns der Horizont wieder frei, gesetzt selbst, dass er nicht hell ist, endlich dürfen unsre Schiffe wieder auslaufen, auf jede Gefahr hin auslaufen, jedes Wagnis des Erkennenden ist wieder erlaubt, das Meer, *unser* Meer liegt wieder offen da, vielleicht gab es noch niemals ein so *offnes Meer*. Aus: FW 343

Sollte es nicht der *Instinkt der Furcht* sein, der uns erkennen heißt? Sollte das Frohlocken des Erkennenden nicht eben das Frohlocken des wiedererlangten Sicherheitsgefühls sein? Aus: FW 355

Es hat bis jetzt noch keinen Philosophen gegeben, unter dessen Händen die Philosophie nicht zu einer Apologie der Erkenntnis geworden wäre; in diesem Punkte wenigstens ist ein jeder Optimist, dass dieser die höchste Nützlichkeit zugesprochen werden müsse. Sie alle werden von der Logik tyrannisiert: Und diese ist ihrem Wesen nach Optimismus.

Aus: MA I 6

Wie viel ein Geist zu seiner Ernährung nötig hat, dafür gibt es keine Formel; ist aber sein Geschmack auf Unabhängigkeit gerichtet, auf schnelles Kommen und Gehn, auf Wanderung, auf Abenteuer vielleicht, denen nur die Geschwindesten gewachsen sind, so lebt er lieber frei mit schmaler Kost als unfrei und gestopft. Nicht Fett, sondern die größte Geschmeidigkeit und Kraft ist das, was ein guter Tänzer von seiner Nahrung will – und ich wüsste nicht, was der Geist eines Philosophen mehr zu sein wünschte als ein guter Tänzer. Der Tanz nämlich ist sein Ideal, auch seine Kunst, zuletzt auch seine einzige Frömmigkeit, sein *Gottesdienst* ...

Aus: FW 381

Um allein zu leben, muss man ein Tier oder ein Gott sein – sagt Aristoteles. Fehlt der dritte Fall: Man muss beides sein – *Philosoph*.

GD, Sprüche und Pfeile 3

Ich misstraue allen Systematikern und gehe ihnen aus dem Weg. Der Wille zum System ist ein Mangel an Rechtschaffenheit.

GD, Sprüche und Pfeile 26

Aus den *Leidenschaften* wachsen die Meinungen; die *Trägheit des Geistes* lässt diese zu *Überzeugungen* erstarren. – Wer sich aber *freien*, rastlos lebendigen

Geistes fühlt, kann durch beständigen Wechsel diese Erstarrung verhindern; und ist er gar insgesamt ein denkender Schneeballen, so wird er überhaupt nicht Meinungen, sondern nur Gewissheiten und genau bemessene Wahrscheinlichkeiten in seinem Kopfe haben.   Aus: MA I 637

Überzeugungen sind gefährlichere Feinde der Wahrheit als Lügen.   MA I 483

Eine andre Klugheit und Selbstverteidigung besteht darin, dass man *so selten als möglich reagiert* und dass man sich Lagen und Bedingungen entzieht, wo man verurteilt wäre, seine *Freiheit*, seine Initiative gleichsam auszuhängen und ein bloßes Reagens zu werden. Ich nehme als Gleichnis den Verkehr mit Büchern. Der Gelehrte, der im Grunde nur noch Bücher *wälzt* – der Philologe mit mäßigem Ansatz des Tags ungefähr 200 –, verliert zuletzt ganz und gar das Vermögen, von sich aus zu denken. Wälzt er nicht, so denkt er nicht. Er *antwortet* auf einen Reiz (– einen gelesenen Gedanken), wenn er denkt – er reagiert zuletzt bloß noch. Der Gelehrte gibt seine ganze Kraft im Ja- und Neinsagen, in der Kritik von bereits Gedachtem ab – er selber denkt nicht mehr … Der Instinkt der Selbstverteidigung ist bei ihm mürbe geworden; im andren Falle würde er sich gegen Bücher wehren. Der Gelehrte – ein *déca-dent*. – Das habe ich mit Augen gesehn: begabte, reich und frei angelegte Naturen schon in den dreißiger Jahren *zuschanden gelesen*, bloß noch Streichhölzer, die man reiben muss, damit sie Funken – *Gedanken* geben. – Frühmorgens beim Anbruch des Tags, in aller Frische, in der Morgenröte seiner Kraft, ein *Buch* lesen – das nenne ich lasterhaft! –

Aus: EH, Warum ich so klug bin 8

Zuletzt muss man alles *selber* tun, um selber einiges zu wissen: Das heißt, man hat *viel* zu tun!

Aus: JGB 45

So wenig als möglich *sitzen*; keinem Gedanken Glauben schenken, der nicht im Freien geboren ist und bei freier Bewegung – in dem nicht auch die Muskeln ein Fest feiern. Alle Vorurteile kommen aus den Eingeweiden. – Das Sitzfleisch – ich sagte es schon einmal – die eigentliche *Sünde* wider den heiligen Geist.

Aus: EH, Warum ich so klug bin 1

TUGEND UND MORAL

Vergib uns unsere Tugenden – so soll man zu Menschen beten.

MA II, Vermischte Meinungen und Sprüche 405

Der Glaube an unmittelbare Gewissheiten ist eine moralische Naivität, welche uns Philosophen Ehre macht: Aber – wir sollen nun einmal nicht *nur moralische* Menschen sein!

Aus: JGB 34

Man muss das Beste und das Schlechteste kennen, dessen ein Mensch fähig ist, im Vorstellen und Ausführen, um zu beurteilen, wir stark seine sittliche Natur ist und wurde. Aber jenes zu erfahren ist unmöglich.

MA II, Vermischte Meinungen und Sprüche 35

Als der Mensch allen Dingen ein Geschlecht gab, meinte er nicht zu spielen, sondern eine tiefe Einsicht gewonnen zu haben – den ungeheuren Umfang dieses Irrtums hat er sich sehr spät und jetzt vielleicht noch nicht ganz eingestanden. – Ebenso hat der Mensch allem, was da ist, eine Beziehung zur Moral beigelegt und der Welt eine *ethische Bedeutung* über die Schulter gehängt. Das wird einmal ebenso viel und nicht mehr Wert haben, als es heute schon der Glaube an die Männlichkeit oder Weiblichkeit der Sonne hat.

M 3

Wir klagen die Natur nicht als unmoralisch an, wenn sie uns ein Donnerwetter schickt und uns nass macht: Warum nennen wir den schädigenden Menschen unmoralisch? Weil wir hier einen willkürlich waltenden, freien Willen, dort Notwendigkeit annehmen. Aber diese Unterscheidung ist ein Irrtum. Sodann: Selbst das absichtliche Schädigen nennen wir nicht unter allen Umständen unmoralisch; man tötet z. B. eine Mücke unbedenklich mit Absicht, bloß weil uns ihr Singen missfällt, man straft den Verbrecher absichtlich und tut ihm Leid an, um uns und die Gesellschaft zu schützen. Im ersten Falle ist es das Individuum, welches, um sich zu erhalten oder selbst um sich keine Unlust zu machen, absichtlich Leid tut; im zweiten der Staat. Alle Moral lässt absichtliches Schadentun gelten bei *Notwehr*: das heißt wenn es sich um die *Selbsterhaltung* handelt! Aber diese beiden Gesichtspunkte genügen, um alle bösen Handlungen gegen Menschen, von Menschen ausgeübt, zu erklären: Man will für sich Lust oder will Unlust abwehren; in irgendeinem Sinne handelt es sich immer um Selbsterhaltung. Sokrates und Plato haben recht: Was auch der Mensch tue, er tut immer das Gute, das heißt: das, was ihm gut (nützlich) scheint, je nach dem Grade seines Intellektes, dem jedesmaligen Maße seiner Vernünftigkeit. MA I 102

Erst haben die Menschen sich in die Natur hinein-
gedichtet: Sie sahen überall sich und ihresgleichen,
nämlich ihre böse und launenhafte Gesinnung,
gleichsam versteckt unter Wolken, Gewittern, Raub-
tieren, Bäumen und Kräutern; damals erfanden sie
die *böse Natur*. Dann kam einmal eine Zeit, da sie
sich wieder aus der Natur hinausdichteten, die Zeit
Rousseaus: Man war einander so satt, dass man
durchaus einen Weltwinkel haben wollte, wo der
Mensch nicht hinkommt mit seiner Qual: Man
erfand die *gute Natur*.   M 17

Solchen, die schweigen, fehlt es fast immer an Feinheit und Höflichkeit des Herzens; Schweigen ist ein
Einwand, Hinunterschlucken macht notwendig
einen schlechten Charakter – es verdirbt selbst den
Magen. Alle Schweiger sind dyspeptisch. – Man
sieht, ich möchte die Grobheit nicht unterschätzt
wissen, sie ist bei Weitem die humanste Form des
Widerspruchs und, inmitten der modernen Verzär-
telung, eine unsrer ersten Tugenden.

Aus: EH, Warum ich so weise bin 5

Wenn die Tugend geschlafen hat, wird sie frischer
aufstehen.   MA I 83

Im Grunde sind mir alle jene Moralen zuwider, welche sagen: *Tue dies nicht! Entsage! Überwinde dich!* – ich bin dagegen jenen Moralen gut, welche mich antreiben, etwas zu tun und wieder zu tun und von früh bis Abend, und nachts davon zu träumen, und an gar nichts zu denken als: dies *gut* zu tun, so gut, als es eben *mir* allein möglich ist! Wer so lebt, von dem fällt fortwährend eins um das andere ab, was nicht zu einem solchen Leben gehört: Ohne Hass und Widerwillen sieht er heute dies und morgen jenes von sich Abschied nehmen, den vergilbten Blättern gleich, welche jedes bewegtere Lüftchen dem Baume entführt: Oder er sieht gar nicht, dass es Abschied nimmt, so streng blickt sein Auge nach seinem Ziele und überhaupt vorwärts, nicht seitwärts, rückwärts, abwärts. *Unser Tun soll bestimmen, was wir lassen: Indem wir tun, lassen wir* – so gefällt es mir, so lautet *mein* placitum. Aber ich will nicht mit offenen Augen meine Verarmung anstreben, ich mag alle negativen Tugenden nicht – Tugenden, deren Wesen das Verneinen und Sichversagen selber ist. FW 304

Man kann auch gegen eine Tugend würdelos und schmeichlerisch sein. FW 160

Alle Menschen mit gleichmäßigem Wohlwollen behandeln und ohne Unterschied der Person gütig sein, kann ebenso sehr der Ausfluss tiefer Menschenverachtung als gründlicher Menschenliebe sein. MA II, Vermischte Meinungen und Sprüche 236

Muss man denn, um eine Tugend zu haben, sie gerade in ihrer brutalsten Gestalt haben wollen? – wie es die christlichen Heiligen wollten und nötig hatten; als welche das Leben nur mit dem Gedanken ertrugen, dass beim Anblick ihrer Tugend einen jeden die Verachtung seiner selber anwandelte. Eine Tugend aber mit solcher Wirkung nenne ich brutal. FW 150

Wer die Untugend in Verbindung mit der Lust kennengelernt hat, wie der, welcher eine genusssüchtige Jugend hinter sich hat, bildet sich ein, dass die Tugend mit der Unlust verbunden sein müsse. Wer dagegen von seinen Leidenschaften und Lastern sehr geplagt worden ist, ersehnt in der Tugend die Ruhe und das Glück der Seele. Daher ist es möglich, dass zwei Tugendhafte einander gar nicht verstehen. MA I 75

Wenn du eine Tugend hast, eine wirkliche, ganze Tugend (und nicht nur ein Triebchen nach einer Tugend!) – so bist du ihr *Opfer*! Aus: FW 21

Man kann aus allzu großer Bewunderung für fremde Tugenden den Sinn für seine eigenen und, durch Mangel an Übung, zuletzt diese selbst verlieren, ohne die fremden dafür zum Ersatz zu erhalten.

MA II, Vermischte Meinungen und Sprüche 355

Wir legen nicht eher besonderen Wert auf den Besitz einer Tugend, bis wir deren völlige Abwesenheit an unserem Gegner wahrnehmen. MA I 302

Der Asket macht aus der Tugend eine Not.

MA I 76

Ihr meint, das Kennzeichen der moralischen Handlung sei die Aufopferung? – Denkt doch nach, ob nicht bei *jeder* Handlung, die mit Überlegung getan wird, Aufopferung dabei ist, bei der schlechtesten wie bei der besten.

MA II, Vermischte Meinungen und Sprüche 34

Zeichen der Vornehmheit: nie daran denken, unsre Pflichten zu Pflichten für jedermann herabzusetzen; die eigne Verantwortlichkeit nicht abgeben wollen,

nicht teilen wollen; seine Vorrechte und deren Aus-
übung unter seine *Pflichten* rechnen. JGB 272

Wer seine Moralität hoch und schwer nimmt, zürnt
den Skeptikern auf dem Gebiete der Moral: Denn
dort, wo er alle seine Kraft aufwendet, soll man
staunen, aber nicht untersuchen und zweifeln. –
Dann gibt es Naturen, deren letzter Rest von Moralität eben der Glaube an Moral ist: Sie benehmen
sich ebenso gegen die Skeptiker, womöglich noch
leidenschaftlicher.

MA II, Vermischte Meinungen und Sprüche 71

Man muss ein gutes Gedächtnis haben, um gege-
bene Versprechen halten zu können. Man muss eine
starke Kraft der Einbildung haben, um Mitleid
haben zu können. So eng ist die Moral an die Güte
des Intellekts gebunden. MA I 59

Beim Allerbesten, was einer tut, suchen die, welche
ihm wohlwollen, aber seiner Tat nicht gewachsen
sind, schleunigst einen Bock, um ihn zu schlachten,
wähnend, es sei der Sündenbock – aber es ist der
Tugend-Bock.

MA II, Vermischte Meinungen und Sprüche 328

Es hilft nichts: Man muss die Gefühle der Hingebung, der Aufopferung für den Nächsten, die ganze Selbstentäußerungs-Moral erbarmungslos zur Rede stellen und vor Gericht führen: ebenso wie die Ästhetik der interesselosen Anschauung, unter welcher sich die Entmännlichung der Kunst verführerisch genug heute ein gutes Gewissen zu schaffen sucht. Es ist viel zu viel Zauber und Zucker in jenen Gefühlen des *für andere*, des *nicht für mich*, als dass man nicht nötig hätte, hier doppelt misstrauisch zu werden und zu fragen: *Sind es nicht vielleicht – Verführungen?* – Dass sie *gefallen* – dem, der sie hat, und dem, der ihre Früchte genießt, auch dem bloßen Zuschauer –, dies gibt noch kein Argument *für sie* ab, sondern fordert gerade zur Vorsicht auf. Seien wir also vorsichtig!

JGB 33

Da die Gebundenheit der Geister abnimmt, ist sicherlich die Moralität (die vererbte, überlieferte, instinkthafte Handlungsweise *nach moralischen Gefühlen*) ebenfalls in Abnahme: nicht aber die einzelnen Tugenden, Mäßigkeit, Gerechtigkeit, Seelenruhe – denn die größte Freiheit des bewussten Geistes führt einmal schon unwillkürlich zu ihnen hin und rät sie sodann auch als *nützlich* an.

MA II, Der Wanderer und sein Schatten 212

Sich seiner Unmoralität schämen: Das ist eine Stufe auf der Treppe, an deren Ende man sich auch seiner Moralität schämt.   JGB 95

Die Bestie in uns will belogen werden; Moral ist Notlüge, damit wir von ihr nicht zerrissen werden. Ohne die Irrtümer, welche in den Annahmen der Moral liegen, wäre der Mensch Tier geblieben. So aber hat er sich als etwas Höheres genommen und sich strengere Gesetze auferlegt. Er hat deshalb einen Hass gegen die der Tierheit näher gebliebenen Stufen: woraus die ehemalige Missachtung des Sklaven, als eines Nicht-Menschen, als einer Sache zu erklären ist.   MA I 40

Der Mensch, ein vielfaches, verlogenes, künstliches und undurchsichtiges Tier, den andern Tieren weniger durch Kraft als durch List und Klugheit unheimlich, hat das gute Gewissen erfunden, um seine Seele einmal als *einfach* zu genießen; und die ganze Moral ist eine beherzte lange Fälschung, vermöge deren überhaupt ein Genuss im Anblick der Seele möglich wird. Unter diesem Gesichtspunkte gehört vielleicht viel mehr in den Begriff *Kunst* hinein, als man gemeinhin glaubt.   JGB 291

Wir halten die Tiere nicht für moralische Wesen. Aber meint ihr denn, dass die Tiere uns für moralische Wesen halten? – Ein Tier, welches reden konnte, sagte: *Menschlichkeit ist ein Vorurteil, an dem wenigstens wir Tiere nicht leiden.*   M 333

Der im Ganzen geringe Erfolg der Morallehrer hat darin seine Erklärung, dass sie zu viel auf ein Mal wollten, das heißt, dass sie zu ehrgeizig waren: Sie wollten allzu gern Vorschriften *für alle* geben. Dies aber heißt im Unbestimmten schweifen und Reden an die Tiere halten, um sie zu Menschen zu machen: Was Wunder, dass die Tiere dies langweilig finden!

Aus: M 194

Mancher kann sich nicht für etwas Gutes und Großes erwärmen, ohne schweres Unrecht nach irgendeiner Seite hin zu tun: Dies ist *seine* Art Moralität.

M 404

Es genügt nicht, das *Gute* zu üben, man muss es gewollt haben und, nach dem Wort des Dichters, die Gottheit in seinen *Willen* aufnehmen. Aber das *Schöne* darf man nicht wollen, man muss es *können*, in Unschuld und Blindheit, ohne alle Neubegier der Psyche. Wer seine Laterne anzündet, um vollkommene Menschen zu finden, der achte auf dies Merkmal: Es sind die, welche immer um des Guten willen handeln und immer dabei das Schöne erreichen, ohne daran zu denken. Viele der Besseren und Edleren bleiben nämlich, aus Unvermögen und Mangel der schönen Seele, mit allem ihren guten Willen und ihren guten Werken, unerquicklich und hässlich anzusehen; sie stoßen zurück und schaden selbst der Tugend durch das widrige Gewand, welches ihr schlechter Geschmack derselben anlegt.

MA II, Vermischte Meinungen und Sprüche 336

Ein Gesetz der Natur zum ersten Male sehen und ganz sehen, also es nachweisen (zum Beispiel das der Fallkraft, der Licht- und Schallreflexion), ist etwas anderes und die Sache anderer Geister, als ein solches Gesetz *erklären*. So unterscheiden sich auch jene Moralisten, welche die menschlichen Gesetze und Gewohnheiten sehen und aufzeigen – die feinohrigen, feinnasigen, feinäugigen Moralisten –, durchaus von denen, welche das Beobachtete erklären. Die Letzteren müssen vor allem *erfinderisch* sein und eine durch Scharfsinn und Wissen *entzügelte* Phantasie haben.

M 428

Unsere sichtbaren moralischen Qualitäten, und namentlich unsere sichtbar *geglaubten*, gehen ihren Gang – und die unsichtbaren ganz gleichnamigen, welche uns in Hinsicht auf andere weder Schmuck noch Waffe sind, *gehen auch ihren Gang*: einen ganz anderen wahrscheinlich, und mit Linien und Feinheiten und Skulpturen, welche vielleicht einem Gotte mit einem göttlichen Mikroskope Vergnügen machen könnten. Wir haben zum Beispiel unsern Fleiß, unsern Ehrgeiz, unsern Scharfsinn: Alle Welt weiß darum –, und außerdem haben wir wahrscheinlich noch einmal *unseren* Fleiß, *unseren* Ehrgeiz, *unseren* Scharfsinn; aber für diese unsere Reptilien-Schuppen ist das Mikroskop noch nicht erfunden!

Aus: FW 8

Seine Feinde lieben? Ich glaube, das ist gut gelernt worden: Es geschieht heute tausendfältig, im Kleinen und im Großen; ja es geschieht bisweilen schon das Höhere und Sublimere – wir lernen *verachten*, wenn wir lieben, und gerade wenn wir am besten lieben – aber alles dies unbewusst, ohne Lärm, ohne Prunk, mit jener Scham und Verborgenheit der Güte, welche dem Munde das feierliche Wort und die Tugend-Formel verbietet. Moral als Attitüde – geht uns heute wider den Geschmack. Dies ist auch ein Fortschritt: wie es der Fortschritt unsrer Väter war, dass ihnen endlich Religion als Attitüde wider den Geschmack ging, eingerechnet die Feindschaft und Voltairische Bitterkeit gegen die Religion (und was alles ehemals zur Freigeist-Gebärdensprache gehörte). Es ist die Musik in unserm Gewissen, der Tanz in unserm Geiste, zu dem alle Puritaner-Litanei, alle Moral-Predigt und Biedermännerei nicht klingen will. JGB 216

In der Moral behandelt sich der Mensch nicht als *individuum*, sondern als *dividuum*.   Aus: MA I 57

Ich will keine Moral machen, aber denen, welche es tun, gebe ich diesen Rat: Wollt ihr die besten Dinge und Zustände zuletzt um alle Ehre und Wert bringen, so fahrt fort, sie in den Mund zu nehmen, wie bisher! Stellt sie an die Spitze eurer Moral und redet von früh bis Abend von dem Glück der Tugend, von der Ruhe der Seele, von der Gerechtigkeit und der immanenten Vergeltung: So wie ihr es treibt, bekommen alle diese guten Dinge dadurch endlich eine Popularität und ein Geschrei der Gasse für sich: Aber dann wird auch alles Gold daran abgegriffen sein und mehr noch: Alles Gold *darin* wird sich in Blei verwandelt haben.   Aus: FW 292

Die höhere Moralität des einen Menschen im Vergleich zu der eines anderen liegt oft nur darin, dass die Ziele quantitativ größer sind. Jenen zieht die Beschäftigung mit dem Kleinen, im engen Kreise, nieder.   MA I 512

Moral putzt den Europäer auf – gestehen wir es ein! – ins Vornehmere, Bedeutendere, Ansehnlichere, ins *Göttliche* – Aus: FW 352

Moralisch zu Gericht sitzen soll uns wider den Geschmack gehen! Überlassen wir dies Geschwätz und diesen üblen Geschmack denen, welche nicht mehr zu tun haben, als die Vergangenheit um ein kleines Stück weiter durch die Zeit zu schleppen, und welche selber niemals Gegenwart sind – den Vielen also, den Allermeisten! Wir aber *wollen die werden, die wir sind* – die Neuen, die Einmaligen, die Unvergleichbaren, die Sich-selber-Gesetzgebenden, die Sich-selber-Schaffenden! Und dazu müssen wir die besten Lerner und Entdecker alles Gesetzlichen und Notwendigen in der Welt werden: Wir müssen *Physiker* sein, um, in jenem Sinne, *Schöpfer* sein zu können – während bisher alle Wertschätzungen und Ideale auf *Unkenntnis* der Physik oder im *Widerspruch* mit ihr aufgebaut waren. Und darum: Hoch die Physik! Und höher noch das, was uns zu ihr *zwingt* – unsre Redlichkeit! Aus: FW 335

Der getretene Wurm krümmt sich. So ist es klug. Er verringert damit die Wahrscheinlichkeit, von Neuem getreten zu werden. In der Sprache der Moral: *Demut.* – GD, Sprüche und Pfeile 31

Davon, dass man gewisse erschütternde Anblicke und Eindrücke gehabt oder nicht gehabt hat, zum Beispiel eines unrecht gerichteten, getöteten oder gemarterten Vaters, einer untreuen Frau, eines grausamen feindlichen Überfalls, hängt es ab, ob unsere Leidenschaften zur Glühhitze kommen und das ganze Leben lenken oder nicht. Keiner weiß, wozu ihn die Umstände, das Mitleid, die Entrüstung treiben können, er kennt den Grad seiner Erhitzbarkeit nicht. Erbärmliche kleine Verhältnisse machen erbärmlich; es ist gewöhnlich nicht die Qualität der Erlebnisse, sondern ihre Quantität, von welcher der niedere und höhere Mensch abhängt, im Guten und Bösen. MA I 72

Wie wenig moralisch sähe die Welt ohne die Vergesslichkeit aus! Ein Dichter könnte sagen, dass Gott die Vergesslichkeit als Türhüterin an die Tempelschwelle der Menschenwürde hingelagert habe.

Aus: MA I 92

Gut und böse sind die Vorurteile Gottes – sagte die Schlange. FW 259

In jeder asketischen Moral betet der Mensch einen Teil von sich als Gott an und hat dazu nötig, den übrigen Teil zu diabolisieren. Aus: MA I 137

Ohne Lust kein Leben; der Kampf um die Lust ist der Kampf um das Leben. Ob der Einzelne diesen Kampf so kämpft, dass die Menschen ihn *gut*, oder so, dass sie ihn *böse* nennen, darüber entscheidet das Maß und die Beschaffenheit seines Intellekts.

Aus: MA I 104

Unser Verbrechen gegen Verbrecher besteht darin, dass wir sie wie Schufte behandeln. MA I 66

Die Strafe hat den Zweck, den zu bessern, *welcher straft* – das ist die letzte Zuflucht für die Verteidiger der Strafe. FW 219

Mit einem großen Ziele ist man sogar der Gerechtigkeit überlegen, nicht nur seinen Taten und seinen Richtern. FW 267

Das Gute missfällt uns, wenn wir ihm nicht gewachsen sind. MA II, Vermischte Meinungen und Sprüche 391

Wir konstruieren ein neues Bild, das wir sehen, sofort mit Hilfe aller alten Erfahrungen, die wir gemacht haben, *je nach dem Grade* unserer Redlichkeit und Gerechtigkeit. Es gibt gar keine anderen als moralische Erlebnisse, selbst nicht im Bereiche der Sinneswahrnehmung. FW 114

Er vergisst nichts, aber er vergibt alles. – Dann wird er doppelt gehasst, denn er beschämt doppelt, mit seinem Gedächtnis und mit seiner Großmut.

M 393

Ihr meint, alle guten Dinge hätten zu aller Zeit ein gutes Gewissen gehabt? – Die Wissenschaft, also gewisslich etwas sehr Gutes, ist ohne ein solches und ganz bar alles Pathos in die Welt getreten, vielmehr heimlich, auf Umwegen, mit verhülltem oder maskiertem Haupte einherziehend, gleich einer Verbrecherin, und immer mindestens mit dem *Gefühle* einer Schleichhändlerin. Das gute Gewissen hat als Vorstufe das böse Gewissen – nicht als Gegensatz: Denn alles Gute ist einmal neu, folglich ungewohnt, wider die Sitte, *unsittlich* gewesen und nagte im Herzen des glücklichen Erfinders wie ein Wurm.

MA II, Vermischte Meinungen und Sprüche 90

Der Glaube an Autoritäten ist die Quelle des Gewissens: Es ist also nicht die Stimme Gottes in der Brust des Menschen, sondern die Stimme einiger Menschen im Menschen.

Aus: MA II, Der Wanderer und sein Schatten 52

Jeder tüchtige Mensch ist verrannt in seine Tüchtigkeit und kann aus ihr nicht frei hinausblicken.

Hätte er sonst nicht sein gut Teil von Unvollkommenheit, er könnte seiner Tugend halber zu keiner geistig-sittlichen Freiheit kommen. Unsere Mängel sind die Augen, mit denen wir das Ideal sehen.

MA II, Vermischte Meinungen und Sprüche 86

Der Gewissensbiss ist, wie der Biss des Hundes gegen einen Stein, eine Dummheit.

MA II, Der Wanderer und sein Schatten 38

Wenn man sein Gewissen dressiert, so küsst es uns zugleich, indem es beißt. JGB 98

Seinem Gewissen folgen ist bequemer als seinem Verstande: Denn es hat bei jedem Misserfolg eine Entschuldigung und Aufheiterung in sich – darum gibt es immer noch so viele Gewissenhafte gegen so wenig Verständige.

MA II, Vermischte Meinungen und Sprüche 43

Die Güte und Liebe als die heilsamsten Kräuter und Kräfte im Verkehre der Menschen sind so kostbare Funde, dass man wohl wünschen möchte, es werde in der Verwendung dieser balsamischen Mittel so ökonomisch wie möglich verfahren: Doch ist dies unmöglich. Die Ökonomie der Güte ist der Traum der verwegensten Utopisten. MA I 48

Die Freude muss auch für die sittliche Natur des Menschen auferbauende und ausheilende Kräfte enthalten: Wie käme es sonst, dass unsere Seele, sobald sie im Sonnenschein der Freude ruht, sich unwillkürlich gelobt *gut sein! vollkommen werden!* und dass dabei ein Vorgefühl der Vollkommenheit, gleich einem seligen Schauder, sie erfasst?

MA II, Vermischte Meinungen und Sprüche 339

Das Mittel, um deine eherne Pflicht im Auge von jedermann in Gold zu verwandeln, heißt: Halte immer etwas mehr, als du versprichst.

MA II, Vermischte Meinungen und Sprüche 404

Unsere Pflichten – das sind die Rechte anderer auf uns.

Aus: M 112

LIEBE UND FREUNDSCHAFT

Jemand sagte: *Über zwei Personen habe ich nie gründlich nachgedacht: Es ist das Zeugnis meiner Liebe zu ihnen.*   MA II, Der Wanderer und sein Schatten 301

Man muss aufhören, sich essen zu lassen, wenn man am besten schmeckt: Das wissen die, welche lange geliebt werden wollen.   Aus: Z, Vom freien Tode

Ein Musiker, der das langsame Tempo *liebt*, wird dieselben Tonstücke immer langsamer nehmen. So gibt es in keiner Liebe ein Stillstehen.   MA I 397

Man vergisst manches aus seiner Vergangenheit und schlägt es sich absichtlich aus dem Sinn: Das heißt man will, dass unser Bild, welches von der Vergangenheit her uns anstrahlt, uns belüge, unserm Dünkel schmeichele – wir arbeiten fortwährend an diesem Selbstbetruge. – Und nun meint ihr, die ihr so viel vom *Sich selbst Vergessen in der Liebe*, vom *Aufgehen des Ich in der andern Person* redet und rühmt, dies sei etwas wesentlich anderes? Also man zerbricht den Spiegel, dichtet sich in eine Person hinein, die man bewundert, und genießt nun das neue Bild seines Ich, ob man es schon mit dem Namen der anderen Person nennt – und dieser ganze Vorgang soll *nicht* Selbstbetrug, *nicht* Selbstsucht sein, ihr Wunderlichen! – Ich denke, die, welche etwas von sich vor sich verhehlen, und die, welche sich als Ganzes vor sich verhehlen, sind darin gleich, dass sie in der Schatzkammer der Erkenntnis einen *Diebstahl* verüben: woraus sich ergibt, vor welchem Vergehen der Satz *erkenne dich selbst* warnt. MA II, Vermischte Meinungen und Sprüche 37

Weil die eine von zwei liebenden Personen gewöhnlich die liebende, die andere die geliebte Person ist, so ist der Glaube entstanden, es gäbe in jedem Liebeshandel ein gleichbleibendes Maß von Liebe: Je mehr eine davon an sich reiße, umso weniger bleibe für die andere Person übrig. Ausnahmsweise kommt es vor, dass die Eitelkeit jede der beiden Personen überredet, *sie* sei die, welche geliebt werden müsse; sodass sich beide lieben lassen wollen: woraus sich namentlich in der Ehe mancherlei halb drollige, halb absurde Szenen ergeben. MA I 418

Man liebt zuletzt seine Begierde, und nicht das Begehrte. JGB 175

Die Liebe begehrt, die Furcht meidet. Daran liegt es, dass man nicht zugleich von derselben Person, wenigstens in demselben Zeitraume, geliebt und geehrt werden kann. Denn der Ehrende erkennt die Macht an, das heißt er fürchtet sie: Sein Zustand ist Ehr-furcht. Die Liebe aber erkennt keine Macht an, nichts was trennt, abhebt, über- und unterordnet. Weil sie nicht ehrt, so sind ehrsüchtige Menschen insgeheim oder öffentlich gegen das Geliebtwerden widerspenstig. MA I 603

Jede große Liebe bringt den grausamen Gedanken mit sich, den Gegenstand der Liebe zu töten, damit er ein für alle Mal dem frevelhaften Spiele des Wechsels entrückt sei: Denn vor dem Wechsel graut der Liebe mehr als vor der Vernichtung.

MA II, Vermischte Meinungen und Sprüche 280

Die Forderung, geliebt zu werden, ist die größte der Anmaßungen. MA I 523

Man umarmt aus Menschenliebe bisweilen einen Beliebigen (weil man nicht alle umarmen kann): Aber gerade das darf man dem Beliebigen nicht verraten … JGB 172

Eine Seele, die sich geliebt weiß, aber selbst nicht liebt, verrät ihren Bodensatz – ihr Unterstes kommt herauf. JGB 79

Gegen die Männer-Krankheit der Selbstverachtung hilft es am sichersten, von einem klugen Weibe geliebt zu werden. MA I 384

Gegenliebe entdecken sollte eigentlich den Liebenden über das geliebte Wesen ernüchtern. *Wie? es ist
bescheiden genug, sogar dich zu lieben? Oder dumm
genug? Oder – oder –* JGB 102

Woher die plötzlichen Leidenschaften eines Mannes
für ein Weib entstehen, die tiefen, innerlichen? Aus
Sinnlichkeit allein am wenigsten: Aber wenn der
Mann Schwäche, Hilfsbedürftigkeit und zugleich
Übermut in einem Wesen zusammen findet, so geht
etwas in ihm vor, wie wenn seine Seele überwallen
wollte: Er ist im selben Augenblicke gerührt und
beleidigt. Auf diesem Punkte entspringt die Quelle
der großen Liebe.

MA II, Vermischte Meinungen und Sprüche 287

Die Sinnlichkeit übereilt oft das Wachstum der
Liebe, sodass die Wurzel schwach bleibt und leicht
auszureißen ist. JGB 120

Der Sturm der Begierde reißt den Mann mitunter
in eine Höhe hinauf, wo alle Begierde schweigt: dort
wo er wirklich *liebt* und noch mehr in einem besseren Sein als besserem Wollen lebt. Und wiederum
steigt ein gutes Weib häufig aus wahrer Liebe bis
hinab zur Begierde und *erniedrigt* sich dabei vor sich
selber. Namentlich das Letztere gehört zu dem Herz-

bewegendsten, was die Vorstellung einer guten Ehe mit sich zu bringen vermag.

MA II, Vermischte Meinungen und Sprüche 273

Liebe und Hass sind nicht blind, aber geblendet vom Feuer, das sie selber mit sich tragen.   MA I 566

In der Rache und in der Liebe ist das Weib barbarischer als der Mann.   JGB 139

Die Abgötterei, welche die Frauen mit der Liebe treiben, ist im Grunde und ursprünglich eine Erfindung der Klugheit, insofern sie ihre Macht durch alle jene Idealisierungen der Liebe erhöhen und sich in den Augen der Männer als immer begehrenswerter darstellen. Aber durch die jahrhundertelange Gewöhnung an diese übertriebene Schätzung der Liebe ist es geschehen, dass sie in ihr eigenes Netz gelaufen sind und jenen Ursprung vergessen haben. Sie selber sind jetzt noch mehr die Getäuschten, als die Männer, und leiden deshalb auch mehr an der Enttäuschung, welche fast notwendig im Leben jeder Frau eintreten wird – sofern sie überhaupt Phantasie und Verstand genug hat, um getäuscht und enttäuscht werden zu können.   MA I 415

Wenn wir jemanden lieben, ehren, bewundern und nun, hinterher, finden, dass er *leidet* – immer mit großem Erstaunen, weil wir nicht anders denken, als dass unser von ihm herströmendes Glück aus einem überreichen Borne *eigenen* Glückes komme –, so ändert sich unser Gefühl der Liebe, Verehrung und Bewunderung in *etwas Wesentlichem*: Es wird *zärtlicher*, das heißt: Die Kluft zwischen ihm und uns scheint sich zu überbrücken, eine Annäherung an Gleichheit scheint stattzufinden. Jetzt erst gilt es uns als möglich, ihm *zurückgeben* zu können, während er früher über unsere Dankbarkeit erhaben in unserer Vorstellung lebte.

Aus: M 138

Die Liebe bringt die hohen und verborgenen Eigenschaften eines Liebenden ans Licht – sein Seltenes, Ausnahmsweises: Insofern täuscht sie leicht über das, was Regel an ihm ist.

JGB 163

Von der Liebe haben die Menschen im Ganzen deshalb so emphatisch und vergöttlichend gesprochen, *weil sie wenig davon gehabt haben* und sich niemals an dieser Kost satt essen durften: So wurde sie ihnen *Götterkost*.

Aus: M 147

Was aus Liebe getan wird, geschieht immer jenseits von Gut und Böse.

JGB 153

Sobald wir merken, dass jemand im Umgange und Gespräche mit uns sich zur Aufmerksamkeit *zwingen* muss, haben wir einen vollgültigen Beweis dafür, dass er uns nicht oder nicht mehr liebt.

MA II, Vermischte Meinungen und Sprüche 247

Die Furcht hat die allgemeine Einsicht über den Menschen mehr gefördert als die Liebe, denn die Furcht will erraten, wer der andere ist, was er kann, was er will: Sich hierin zu täuschen, wäre Gefahr und Nachteil. Umgekehrt hat die Liebe einen geheimen Impuls, in dem andern so viel Schönes als möglich zu sehen oder ihn sich so hoch als möglich zu heben: Sich dabei zu täuschen, wäre für sie eine Lust und ein Vorteil – und so tut sie es. M 309

Wir haben nötig, gegen uns redlich zu sein und uns sehr gut zu kennen, um gegen andere jene menschenfreundliche Verstellung üben zu können, welche Liebe und Güte genannt wird. M 335

Wer sich selber hasst, den haben wir zu fürchten, denn wir werden die Opfer seines Grolls und seiner Rache sein. Sehen wir also zu, wie wir ihn zur Liebe zu sich selber verführen! M 517

Die Liebe will dem andern, dem sie sich weiht, jedes Gefühl von *Fremdsein* ersparen, sie ist folglich voller Verstellung und Anähnlichung, sie betrügt fortwährend und schauspielert eine Gleichheit, die es in Wahrheit nicht gibt. Und dies geschieht so instinktiv, dass liebende Frauen diese Verstellung und beständige zarteste Betrügerei ableugnen und kühn behaupten, die Liebe *mache gleich* (das heißt, sie tue ein Wunder!). – Dieser Vorgang ist einfach, wenn die eine Person *sich lieben lässt* und es nicht nötig findet, sich zu verstellen, vielmehr dies der anderen, liebenden überlässt: Aber nichts Verwickelteres und Undurchdringbareres von Schauspielerei gibt es, als wenn beide in der vollen Leidenschaft füreinander sind und folglich jeder sich aufgibt und sich dem anderen gleichstellen und ihm allein gleichmachen will: und keiner zuletzt mehr weiß, was er nachahmen, wozu er sich verstellen, als was er sich geben soll. Die schöne Tollheit dieses Schauspiels ist zu gut für diese Welt und zu fein für menschliche Augen.

M 532

Mitunter genügt schon eine stärkere Brille, um den Verliebten zu heilen; und wer die Kraft der Einbildung hätte, um ein Gesicht, eine Gestalt sich zwanzig Jahre älter vorzustellen, ginge vielleicht sehr ungestört durch das Leben.

MA I 413

Es gibt Frauen, die, wo man bei ihnen auch nach-
sucht, kein Inneres haben, sondern reine Masken
sind. Der Mann ist zu beklagen, der sich mit solchen
fast gespenstischen, notwendig unbefriedigenden
Wesen einlässt, aber gerade sie vermögen das Verlangen des Mannes auf das stärkste zu erregen: Er
sucht nach ihrer Seele – und sucht immerfort.

MA I 405

Einige Männer haben über die Entführung ihrer
Frauen geseufzt, die meisten darüber, dass niemand
sie ihnen entführen wollte. MA I 388

Man fängt damit an, zu verlernen, andere zu lieben,
und hört damit auf, an sich nichts Liebenswertes
mehr zu finden. M 401

Man kann Handlungen versprechen, aber keine
Empfindungen; denn diese sind unwillkürlich. Wer
jemandem verspricht, ihn immer zu lieben oder
immer zu hassen oder ihm immer treu zu sein, verspricht etwas, das nicht in seiner Macht steht; wohl
aber kann er solche Handlungen versprechen, welche zwar gewöhnlich die Folgen der Liebe, des Has-
ses, der Treue sind, aber auch aus anderen Motiven
entspringen können: Denn zu einer Handlung führen mehrere Wege und Motive. Das Versprechen,

jemanden immer zu lieben, heißt also: Solange ich dich liebe, werde ich dir die Handlungen der Liebe erweisen; liebe ich dich nicht mehr, so wirst du doch dieselben Handlungen, wenn auch aus anderen Motiven, immerfort von mir empfangen: sodass der Schein in den Köpfen der Mitmenschen bestehen bleibt, dass die Liebe unverändert und immer noch dieselbe sei. – Man verspricht also die Andauer des Anscheines der Liebe, wenn man ohne Selbstverblendung jemandem immerwährende Liebe gelobt.

MA I 58

Wenn wir lieben, so wollen wir, dass unsere Mängel verborgen bleiben – nicht aus Eitelkeit, sondern weil das geliebte Wesen nicht leiden soll. Ja, der Liebende möchte ein Gott scheinen – und auch dies nicht aus Eitelkeit.

FW 263

Die Liebe vergibt dem Geliebten sogar die Begierde.

FW 62

Es ist immer etwas Wahnsinn in der Liebe. Es ist aber immer auch etwas Vernunft im Wahnsinn.

Aus: Z, Vom Lesen und Schreiben

So geht es uns in der Musik: Erst muss man eine Figur und Weise überhaupt *hören lernen*, heraushören, unterscheiden, als ein Leben für sich isolieren und abgrenzen; dann braucht es Mühe und guten Willen, sie zu *ertragen*, trotz ihrer Fremdheit, Geduld gegen ihren Blick und Ausdruck, Mildherzigkeit gegen das Wunderliche an ihr zu üben – endlich kommt ein Augenblick, wo wir ihrer gewohnt sind, wo wir sie erwarten, wo wir ahnen, dass sie uns fehlen würde, wenn sie fehlte; und nun wirkt sie ihren Zwang und Zauber fort und fort und endet nicht eher, als bis wir ihre demütigen und entzückten Liebhaber geworden sind, die nichts Besseres von der Welt mehr wollen als sie und wieder sie. – So geht es uns aber nicht nur mit der Musik: Gerade so haben wir alle Dinge, die wir jetzt lieben, *lieben gelernt*. Wir werden schließlich immer für unseren guten Willen, unsere Geduld, Billigkeit, Sanftmütigkeit gegen das Fremde belohnt, indem das Fremde langsam seinen Schleier abwirft und sich als neue unsägliche Schönheit darstellt – es ist sein *Dank* für unsere Gastfreundschaft. Auch wer sich selber liebt, wird es auf diesem Wege gelernt haben: Es gibt keinen anderen Weg. Auch die Liebe muss man lernen.

FW 334

Jener ist hohl und will voll werden, dieser ist überfüllt und will sich ausleeren – beide treibt es, sich ein Individuum zu suchen, das ihnen dazu dient.

Und diesen Vorgang, im höchsten Sinne verstanden, nennt man beide Mal mit einem Worte: Liebe – wie? die Liebe sollte etwas Unegoistisches sein? M 145

Das Weib gibt sich weg, der Mann nimmt hinzu – ich denke, über diesen Natur-Gegensatz wird man durch keine sozialen Verträge, auch nicht durch den allerbesten Willen zur Gerechtigkeit hinwegkommen: so wünschenswert es sein mag, dass man das Harte, Schreckliche, Rätselhafte, Unmoralische dieses Antagonismus sich nicht beständig vor Augen stellt. Denn die Liebe, ganz, groß, voll gedacht, ist Natur und als Natur in alle Ewigkeit etwas *Unmoralisches*. Aus: FW 363

Warum überschätzt man die Liebe zuungunsten der Gerechtigkeit und sagt die schönsten Dinge von ihr, als ob sie ein viel höheres Wesen als jene sei? Ist sie denn nicht ersichtlich dümmer als jene? – Gewiss, aber gerade deshalb um so viel *angenehmer* für alle. Sie ist dumm und besitzt ein reiches Füllhorn; aus ihm teilt sie ihre Gaben aus, an jedermann, auch wenn er sie nicht verdient, ja ihr nicht einmal dafür dankt. Sie ist unparteiisch wie der Regen, welcher, nach der Bibel und der Erfahrung, nicht nur den Ungerechten, sondern unter Umständen auch den Gerechten bis auf die Haut nass macht. MA I 69

Nicht darin, wie eine Seele sich der andern nähert, sondern wie sie sich von ihr entfernt, erkenne ich ihre Verwandtschaft und Zusammengehörigkeit mit der andern. MA II, Vermischte Meinungen und Sprüche 251

Die gute Freundschaft entsteht, wenn man den anderen sehr achtet, und zwar mehr als sich selbst, wenn man ebenfalls ihn liebt, jedoch nicht so sehr als sich, und wenn man endlich, zur Erleichterung des Verkehrs, den zarten Anstrich und Flaum der Intimität hinzuzutun versteht, zugleich aber sich der wirklichen und eigentlichen Intimität und der Verwechselung von Ich und Du weislich enthält.

MA II, Vermischte Meinungen und Sprüche 241

Frauen können recht gut mit einem Manne Freundschaft schließen; aber um diese aufrechtzuerhalten – dazu muss wohl eine kleine physische Antipathie mithelfen. MA I 390

Der beste Freund wird wahrscheinlich die beste Gattin bekommen, weil die gute Ehe auf dem Talent zur Freundschaft beruht. MA I 378

Mitfreude, nicht Mitleiden, macht den Freund.

MA I 499

Unter den Menschen, welche eine besondere Gabe zur Freundschaft haben, treten zwei Typen hervor. Der eine ist in einem fortwährenden Aufsteigen und findet für jede Phase seiner Entwicklung einen genau zugehörigen Freund. Die Reihe von Freunden, welche er auf diese Weise erwirbt, ist unter sich selten im Zusammenhang, mitunter in Misshelligkeit und Widerspruch: ganz dem entsprechend, dass die späteren Phasen in seiner Entwicklung die früheren Phasen aufheben oder beeinträchtigen. Ein solcher Mensch mag im Scherz eine *Leiter* heißen. – Den andern Typus vertritt der, welcher eine Anziehungskraft auf sehr verschiedene Charaktere und Begabungen ausübt, sodass er einen ganzen Kreis von Freunden gewinnt; diese aber kommen dadurch selber untereinander in freundschaftliche Beziehung, trotz aller Verschiedenheit. Einen solchen Menschen nenne man einen *Kreis*: Denn in ihm muss jene Zusammengehörigkeit so verschiedener Anlagen und Naturen irgendwie vorgebildet sein. – Übrigens ist die Gabe, gute Freunde zu haben, in manchem Menschen viel größer als die Gabe, ein guter Freund zu sein.   MA I 368

Wenn alte Freunde nach langer Trennung einander wiedersehen, ereignet es sich oft, dass sie sich bei Erwähnung von Dingen teilnahmsvoll stellen, die für sie ganz gleichgültig geworden sind: Und mitunter merken es beide, wagen aber nicht den Schleier zu heben – aus einem traurigen Zweifel. So entstehen Gespräche wie im Totenreiche.

MA II, Vermischte Meinungen und Sprüche 259

Leben wir zu nahe mit einem Menschen zusammen, so geht es uns so, wie wenn wir einen guten Kupferstich immer wieder mit bloßen Fingern anfassen: Eines Tages haben wir schlechtes beschmutztes Papier und nichts weiter mehr in den Händen. Auch die Seele eines Menschen wird durch beständiges Angreifen endlich abgegriffen; mindestens *erscheint* sie uns endlich so – wir sehen ihre ursprüngliche Zeichnung und Schönheit nie wieder. – Man verliert immer durch den allzu vertraulichen Umgang mit Frauen und Freunden; und mitunter verliert man die Perle seines Lebens dabei. MA I 428

Es ist schwer, verstanden zu werden: besonders wenn man gangasrotogati denkt und lebt, unter lauter Menschen, welche anders denken und leben, nämlich kurmagati oder besten Falles *nach der Gangart des Frosches* mandeikagati – ich tue eben alles, um selbst schwer verstanden zu werden! – und man soll schon für den guten Willen zu einiger Feinheit der Interpretation von Herzen erkenntlich sein. Was aber *die guten Freunde* anbetrifft, welche immer zu bequem sind und gerade als Freunde ein Recht auf Bequemlichkeit zu haben glauben: So tut man gut, ihnen von vornherein einen Spielraum und Tummelplatz des Missverständnisses zuzugestehn – so hat man noch zu lachen – oder sie ganz abzuschaffen, diese guten Freunde – und auch zu lachen!

JGB 27

Mangel an Vertraulichkeit unter Freunden ist ein Fehler, der nicht gerügt werden kann, ohne unheilbar zu werden.

MA I 296

Leute, welche uns ihr volles Vertrauen schenken, glauben dadurch ein Recht auf das unsrige zu haben. Dies ist ein Fehlschluss; durch Geschenke erwirbt man keine Rechte.

MA I 311

Die Griechen, die so gut wussten, was ein Freund sei – sie allein von allen Völkern haben eine tiefe, vielfache philosophische Erörterung der Freundschaft; sodass ihnen zuerst, und bis jetzt zuletzt, der Freund als ein lösenswertes Problem erschienen ist –, diese selben Griechen haben die *Verwandten* mit einem Ausdrucke bezeichnet, welcher der Superlativ des Wortes *Freund* ist. Dies bleibt mir unerklärlich.

MA I 354

Sei wenigstens mein Feind! – so spricht die wahre Ehrfurcht, die nicht um Freundschaft zu bitten wagt.
Aus: Z, Vom Freunde

Man vergisst seine Schuld, wenn man sie einem andern gebeichtet hat, aber gewöhnlich vergisst der andere sie nicht.

MA I 568

Wenn Menschen auch noch so eng zusammengehören: Es gibt innerhalb ihres gemeinsamen Horizontes doch noch alle vier Himmelsrichtungen, und in manchen Stunden merken sie es.

MA II, Der Wanderer und sein Schatten 245

Manchmal kehrt, im Verhältnis von uns zu einem andern Menschen, das rechte Gleichgewicht der Freundschaft zurück, wenn wir in unsre eigene Wagschale einige Gran Unrecht legen. MA I 305

Wir waren Freunde und sind uns fremd geworden. Aber das ist recht so und wir wollen's uns nicht verhehlen und verdunkeln, als ob wir uns dessen zu schämen hätten. Wir sind zwei Schiffe, deren jedes sein Ziel und seine Bahn hat; wir können uns wohl kreuzen und ein Fest miteinander feiern, wie wir es getan haben – und dann lagen die braven Schiffe so ruhig in einem Hafen und in einer Sonne, dass es scheinen mochte, sie seien schon am Ziele und hätten ein Ziel gehabt. Aber dann trieb uns die allmächtige Gewalt unserer Aufgabe wieder auseinander, in verschiedene Meere und Sonnenstriche, und vielleicht sehen wir uns nie wieder – vielleicht auch sehen wir uns wohl, aber erkennen uns nicht wieder: Die verschiedenen Meere und Sonnen haben uns verändert! Dass wir uns fremd werden müssen, ist das Gesetz über uns: Ebendadurch sollen wir uns auch ehrwürdiger werden! Ebendadurch soll der Gedanke an unsere ehemalige Freundschaft heiliger werden! Es gibt wahrscheinlich eine ungeheure unsichtbare Kurve und Sternenbahn, in der unsere so verschiedenen Straßen und Ziele als kleine Wegstrecken einbegriffen sein mögen – erheben wir uns zu diesem Gedanken! Aber unser Leben ist zu kurz und unsere Sehkraft zu gering, als dass wir mehr als Freunde im Sinne jener erhabenen Möglichkeit sein könnten. – Und so wollen wir an unsere Sternen-Freundschaft glauben, selbst wenn wir einander Erden-Feinde sein müssten. FW 279

Es waren Freunde, aber sie haben aufgehört, es zu sein, und sie knüpften von beiden Seiten zugleich ihre Freundschaft los, der eine, weil er sich zu sehr verkannt glaubte, der andere, weil er sich zu sehr erkannt glaubte – und beide haben sich dabei getäuscht! – denn jeder von ihnen kannte sich selber nicht genug.

M 287

Ich könnte mir denken, dass ein Mensch, der etwas Kostbares und Verletzliches zu bergen hätte, grob und rund wie ein grünes altes schwer beschlagenes Weinfass durchs Leben rollte: Die Feinheit seiner Scham will es so. Einem Menschen, der Tiefe in der Scham hat, begegnen auch seine Schicksale und zarten Entscheidungen auf Wegen, zu denen wenige je gelangen und um deren Vorhandensein seine Nächsten und Vertrautesten nicht wissen dürfen: Seine Lebensgefahr verbirgt sich ihren Augen und ebenso seine wiedereroberte Lebens-Sicherheit. Ein solcher Verborgener, der aus Instinkt das Reden zum Schweigen und Verschweigen braucht und unerschöpflich ist in der Ausflucht vor Mitteilung, *will* es und fördert es, dass eine Maske von ihm an seiner Statt in den Herzen und Köpfen seiner Freunde herumwandelt; und gesetzt, er will es nicht, so werden ihm eines Tages die Augen darüber aufgehn, dass es trotzdem dort eine Maske von ihm gibt – und dass es gut so ist. Jeder tiefe Geist braucht eine Maske: Mehr noch, um jeden tiefen Geist wächst fortwährend eine Maske, dank der beständig falschen, nämlich *flachen* Aus-

legung jedes Wortes, jedes Schrittes, jedes Lebens-
Zeichens, das er gibt. Aus: JGB 40

Mitunter merken wir, dass einer unserer Freunde
mehr zu einem andern als zu uns gehört, dass sein
Zartsinn sich bei dieser Entscheidung quält und
seine Selbstsucht dieser Entscheidung nicht gewachsen ist: Da müssen wir es ihm erleichtern und ihn
von uns *fortbeleidigen*. – Dies ist ebenfalls da nötig,
wo wir in eine Art zu denken übergehen, welche ihm
verderblich sein würde: Unsere Liebe zu ihm muss
uns treiben, durch ein Unrecht, das wir auf uns nehmen, ihm ein gutes Gewissen zu seiner Lossagung
von uns zu schaffen. M 489

Man darf über seine Freunde nicht reden: Sonst ver-
redet man sich das Gefühl der Freundschaft.

MA II, Vermischte Meinungen und Sprüche 252

Der Mangel an Freunden lässt auf Neid oder Anmaßung schließen. Mancher verdankt seine Freunde
nur dem glücklichen Umstande, dass er keinen
Anlass zum Neide hat. MA I 559

STAAT UND GESELLSCHAFT

Unser Nächster ist nicht unser Nachbar, sondern des-
sen Nachbar – so denkt jedes Volk.   JGB 162

Der Irrsinn ist bei Einzelnen etwas Seltenes – aber
bei Gruppen, Parteien, Völkern, Zeiten die Regel.
                                                JGB 156

Jedes Volk hat seine eigne Tartüfferie und heißt sie
seine Tugenden. – Das Beste, was man ist, kennt
man nicht – kann man nicht kennen.   JGB 249

Seitdem der Glaube aufgehört hat, dass ein Gott die
Schicksale der Welt im Großen leite und, trotz aller
anscheinenden Krümmungen im Pfade der Menschheit, sie doch herrlich hinausführe, müssen die
Menschen selber sich ökumenische, die ganze Erde
umspannende Ziele stellen. Die ältere Moral,
namentlich die Kants, verlangt vom Einzelnen
Handlungen, welche man von allen Menschen
wünscht: Das war eine schöne naive Sache; als ob
ein jeder ohne Weiteres wüsste, bei welcher Handlungsweise das Ganze der Menschheit wohlfahre,
also welche Handlungen überhaupt wünschenswert
seien; es ist eine Theorie wie die vom Freihandel,
voraussetzend, dass die allgemeine Harmonie sich
nach eingeborenen Gesetzen des Besserwerdens von
selbst ergeben *müsse*. Vielleicht lässt es ein zukünf-

tiger Überblick über die Bedürfnisse der Menschheit durchaus nicht wünschenswert erscheinen, dass alle Menschen gleich handeln, vielmehr dürften im Interesse ökumenischer Ziele für ganze Strecken der Menschheit spezielle, vielleicht unter Umständen sogar böse Aufgaben zu stellen sein. – Jedenfalls muss, wenn die Menschheit sich nicht durch eine solche bewusste Gesamtregierung zugrunde richten soll, vorher eine alle bisherigen Grade übersteigende *Kenntnis der Bedingungen der Kultur,* als wissenschaftlicher Maßstab für ökumenische Ziele, gefunden sein. Hierin liegt die ungeheure Aufgabe der großen Geister des nächsten Jahrhunderts.   MA I 25

Der Staat ist eine kluge Veranstaltung zum Schutz der Individuen gegeneinander: Übertreibt man seine Veredelung, so wird zuletzt das Individuum durch ihn geschwächt, ja aufgelöst – also der ursprüngliche Zweck des Staates am gründlichsten vereitelt.   Aus: MA I 235

Jede Gemeinschaft macht, irgendwie, irgendwo, irgendwann – *gemein.*   Aus: JGB 284

Solange einer sehr gut die Stärke und Schwäche seiner Lehre, seiner Kunstart, seiner Religion kennt, ist deren Kraft noch gering. Der Schüler und Apostel, welcher für die Schwäche der Lehre, der Religion und so weiter kein Auge hat, geblendet durch das Ansehen des Meisters und durch seine Pietät gegen ihn, hat deshalb gewöhnlich mehr Macht als der Meister. Ohne die blinden Schüler ist noch nie der Einfluss eines Mannes und seines Werkes groß geworden. Einer Erkenntnis zum Siege verhelfen heißt oft nur: sie so mit der Dummheit verschwistern, dass das Schwergewicht der Letzteren auch den Sieg für die Erstere erzwingt.   MA I 122

Wie giftig, wie listig, wie schlecht macht jeder lange Krieg, der sich nicht mit offener Gewalt führen lässt!
Aus: JGB 25

Unter friedlichen Umständen fällt der kriegerische Mensch über sich selber her.   JGB 76

Wohl können edle (wenn auch nicht gerade sehr einsichtsvolle) Vertreter der herrschenden Klasse sich geloben: Wir wollen die Menschen als gleich behandeln, ihnen gleiche Rechte zugestehen; insofern ist eine sozialistische Denkungsweise, welche auf *Gerechtigkeit* ruht, möglich, aber wie gesagt nur innerhalb der herrschenden Klasse, welche in diesem Falle die Gerechtigkeit mit Opfern und Verleugnungen *übt*. Dagegen Gleichheit der Rechte *fordern*, wie es die Sozialisten der unterworfenen Kaste tun, ist nimmermehr der Ausfluss der Gerechtigkeit, sondern der Begehrlichkeit. – Wenn man der Bestie blutige Fleischstücke aus der Nähe zeigt und wieder wegzieht, bis sie endlich brüllt: Meint ihr, dass dies Gebrüll Gerechtigkeit bedeute? MA I 451

Der Staatsmann erzeugt öffentliche Leidenschaften, um den Gewinn von der dadurch erweckten Gegenleidenschaft zu haben. Aus: MA I 453

Wir sehen große Staatsmänner und überhaupt alle die, welche sich vieler Menschen zur Durchführung ihrer Pläne bedienen müssen, bald so, bald so verfahren: Entweder wählen sie sehr fein und sorgsam die zu ihren Plänen passenden Menschen aus und lassen ihnen dann verhältnismäßige große Freiheit, weil sie wissen, dass die Natur dieser Ausgewählten sie eben dahin treibt, wohin sie selber jene haben wollen; oder sie wählen schlecht, ja nehmen, was ihnen unter die Hand kommt, formen aber aus jedem Tone etwas für ihre Zwecke Taugliches. Diese letzte Art ist die gewaltsamere, sie begehrt auch unterwürfigere Werkzeuge; ihre Menschenkenntnis ist gewöhnlich viel geringer, ihre Menschenverachtung größer als bei den erstgenannten Geistern, aber die Maschine, welche sie konstruieren, arbeitet gemeinhin besser als die Maschine aus der Werkstätte jener. MA I 458

Auf dem politischen Krankenbette verjüngt ein Volk gewöhnlich sich selbst und findet seinen Geist wieder, den es im Suchen und Behaupten der Macht allmählich verlor. Die Kultur verdankt das Allerhöchste den politisch geschwächten Zeiten.

MA I 465

Wenn die Massen zu wüten beginnen und die Vernunft sich verdunkelt, tut man gut, sofern man der Gesundheit seiner Seele nicht ganz sicher ist, unter einen Torweg unterzutreten und nach dem Wetter auszuschauen. MA II, Vermischte Meinungen und Sprüche 303

Lebt als höhere Menschen und tut immerfort die Taten der höheren Kultur – so gesteht euch alles, was da lebt, euer Recht zu, und die Ordnung der Gesellschaft, deren Spitze ihr seid, ist gegen jeden bösen Blick und Griff gefeit! Aus: MA I 480

Menschen, welche von ihrer Bedeutung für die Menschheit sprechen, haben in Bezug auf gemeine bürgerliche Rechtlichkeit, im Halten von Verträgen, Versprechungen, ein schwaches Gewissen.

MA I 522

Der Fürst, welcher zu dem gefassten Entschlusse, Krieg mit dem Nachbar zu führen, einen *casus belli* ausfindig macht, gleicht dem Vater, der seinem Kinde eine Mutter unterschiebt, welche fürderhin als solche gelten soll. Und sind nicht fast alle öffentlich bekannt gemachten Motive unserer Handlungen solche untergeschobene Mütter? MA I 596

Der Parlamentarismus, das heißt die öffentliche Erlaubnis, zwischen fünf politischen Grundmeinungen wählen zu dürfen, schmeichelt sich bei jenen vielen ein, welche gerne selbstständig und individuell scheinen und für ihre Meinungen kämpfen möchten. Zuletzt aber ist es gleichgültig, ob der Herde eine Meinung befohlen oder fünf Meinungen gestattet sind. – Wer von den fünf öffentlichen Meinungen abweicht und beiseitetritt, hat immer die ganze Herde gegen sich. FW 174

Wer das Gewissen des heutigen Europäers prüft, wird aus tausend moralischen Falten und Verstecken immer den gleichen Imperativ herauszuziehen haben, den Imperativ der Herden-Furchtsamkeit: *Wir wollen, dass es irgendwann einmal nichts mehr zu fürchten gibt!* Irgendwann einmal – der Wille und Weg *dorthin* heißt heute in Europa überall der *Fortschritt.* Aus: JGB 201

Wenn man den Fortschritt rühmt, so rühmt man damit nur die Bewegung und die, welche uns nicht auf der Stelle stehen bleiben lassen – und damit ist gewiss unter Umständen viel getan, insonderheit, wenn man unter Ägyptern lebt. Im beweglichen Europa aber, wo sich die Bewegung, wie man sagt, von selber versteht – ach, wenn wir nur auch etwas davon verstünden! –, lobe ich mir den Vorschritt und die Vorschreitenden, das heißt die, welche sich selber immer wieder zurücklassen und die gar nicht daran denken, ob ihnen jemand sonst nachkommt. *Wo ich haltmache, da finde ich mich allein: Wozu sollte ich haltmachen! Die Wüste ist noch groß!* – so empfindet ein solcher Vorschreitender. M 554

Wer nicht durch verschiedene Überzeugungen hindurchgegangen ist, sondern in dem Glauben hängen bleibt, in dessen Netz er sich zuerst verfing, ist unter allen Umständen eben wegen dieser Unwandelbarkeit ein Vertreter *zurückgebliebener* Kulturen; er ist gemäß diesem Mangel an Bildung (welche immer Bildbarkeit voraussetzt) hart, unverständig, unbelehrbar, ohne Milde, ein ewiger Verdächtiger, ein Unbedenklicher, der zu allen Mitteln greift, seine Meinung durchzusetzen, weil er gar nicht begreifen kann, dass es andere Meinungen geben müsse; er ist, in solchem Betracht, vielleicht eine Kraftquelle und in allzu frei und schlaff gewordenen Kulturen sogar heilsam, aber doch nur, weil er kräftig anreizt, ihm Widerpart zu halten: Denn dabei wird das zartere Gebilde der neuen Kultur, welche zum Kampf mit ihm gezwungen ist, selber stark. MA I 632

Was nehmen jetzt wilde Völkerschaften zuerst von den Europäern an? Branntwein und Christentum, die europäischen Narcotica. – Und woran gehen sie am schnellsten zugrunde? – An den europäischen Narcoticis. FW 147

Großen Geistern ist das abschreckende Allzumenschliche ihres Wesens, ihrer Blindheiten, Verkennungen, Maßlosigkeiten beigegeben, damit ihr mächtiger, leicht allzu mächtiger Einfluss fortwährend durch das Misstrauen, welches jene Eigenschaften einflössen, in Schranken gehalten werde. Denn das System alles dessen, was die Menschheit zu ihrem Fortbestehen nötig hat, ist so umfassend und nimmt so verschiedenartige und zahlreiche Kräfte in Anspruch, dass für jede *einseitige* Bevorzugung, sei es der Wissenschaft oder des Staates oder der Kunst oder des Handels, wozu jene Einzelnen treiben, die Menschheit als Ganzes harte Buße zahlen muss. Es ist immer das größte Verhängnis der Kultur gewesen, wenn Menschen angebetet wurden: in welchem Sinne man sogar mit dem Spruche des mosaischen Gesetzes zusammen fühlen darf, welcher verbietet, neben Gott andere Götter zu haben. – Dem Kultus des Genius und der Gewalt muss man, als Ergänzung und Heilmittel, immer den Kultus der Kultur zur Seite stellen: welcher auch dem Stofflichen, Geringen, Niedrigen, Verkannten, Schwachen, Unvollkommenen, Einseitigen, Halben, Unwahren, Scheinenden, ja dem Bösen und Furchtbaren, eine verständnisvolle Würdigung und das Zugeständnis, *dass dies Alles nötig sei*, zu schenken weiß; denn der Zusammen- und Fortklang alles Menschlichen, durch erstaunliche Arbeiten und Glücksfälle erreicht, und ebenso sehr das Werk von Zyklopen und Ameisen als von Genies, soll nicht wieder verloren gehen: Wie dürften wir da des gemeinsamen, tiefen, oft unheimlichen Grundbasses entraten können, ohne den ja Melodie nicht Melodie zu sein vermag?

MA II, Vermischte Meinungen und Sprüche 186

Wer besaß bis jetzt die überzeugendste Beredsamkeit? Der Trommelwirbel: Und solange die Könige diesen in der Gewalt haben, sind sie immer noch die besten Redner und Volksaufwiegler. FW 175

Wer nicht begriffen hat, dass jeder große Mann nicht nur gefördert, sondern auch, der allgemeinen Wohlfahrt wegen, *bekämpft* werden muss, ist gewiss noch ein großes Kind – oder selber ein großer Mann. MA II, Vermischte Meinungen und Sprüche 191

Bei rohen Völkern gibt es eine Gattung von Sitten, deren Absicht die Sitte überhaupt zu sein scheint; peinliche und im Grunde überflüssige Bestimmungen (wie zum Beispiel die unter den Kamtschadalen, niemals den Schnee von den Schuhen mit dem Messer abzuschaben, niemals eine Kohle mit dem Messer zu spießen, niemals ein Eisen ins Feuer zu legen – und der Tod trifft den, welcher in solchen Stücken zuwiderhandelt!), die aber die fortwährende Nähe der Sitte, den unausgesetzten Zwang, Sitte zu üben, fortwährend im Bewusstsein erhalten; zur Bekräftigung des großen Satzes, mit dem die Zivilisation beginnt: Jede Sitte ist besser als keine Sitte. M 16

Als Mitglieder von Gesellschaften glauben wir gewisse Tugenden nicht ausüben zu dürfen, die uns als Privaten die größte Ehre und einiges Vergnügen machen, zum Beispiel Gnade und Nachsicht gegen Verfehlende aller Art – überhaupt jede Handlungsweise, bei welcher der Vorteil der Gesellschaft durch unsere Tugend leiden würde. Kein Richter-Kollegium darf sich vor seinem Gewissen erlauben, gnädig zu sein: Dem König, *als einem Einzelnen*, hat man dies Vorrecht aufbehalten; man freut sich, wenn er Gebrauch davon macht, zum Beweise, dass man gern gnädig sein möchte, aber durchaus nicht als Gesellschaft. Diese erkennt somit nur die ihr vorteilhaften oder mindestens unschädlichen Tugenden an (die ohne Einbuße oder gar mit Zinsen geübt werden, zum Beispiel Gerechtigkeit). Jene Tugenden der Einbuße können demnach *in der Gesellschaft* nicht entstanden sein, da noch jetzt, innerhalb jeder kleinsten sich bildenden Gesellschaft der Widerspruch gegen sie sich erhebt. Es sind also Tugenden unter Nicht-Gleichgestellten, erfunden von dem Überlegenen, Einzelnen, es sind *Herrscher*-Tugenden, mit dem Hintergedanken, *ich bin mächtig genug, um mir eine ersichtliche Einbusse gefallen zu lassen, dies ist ein Beweis meiner Macht* – also mit *Stolz* verwandte Tugenden.

MA II, Der Wanderer und sein Schatten 34

Das, was ihr als Übervölkerung der Erde in greisenhafter Kurzsichtigkeit fürchtet, gibt dem Hoffnungsvolleren eben die große Aufgabe in die Hand: Die Menschheit soll einmal ein Baum werden, der die ganze Erde überschattet, mit vielen Milliarden von Blüten, die alle nebeneinander Früchte werden sollen, und die Erde selbst soll zur Ernährung dieses Baumes vorbereitet werden. Dass der jetzige noch kleine Ansatz dazu an Saft und Kraft zunehme, dass in unzähligen Kanälen der Saft zur Ernährung des Ganzen und des Einzelnen umströme – aus diesen und ähnlichen Aufgaben ist der Maßstab zu entnehmen, ob ein jetziger Mensch nützlich oder unnütz ist. Aus: MA II, Der Wanderer und sein Schatten 189

Die Leidenschaft will nicht warten; das Tragische im Leben großer Männer liegt häufig nicht in ihrem Konflikte mit der Zeit und der Niedrigkeit ihrer Mitmenschen, sondern in ihrer Unfähigkeit, ein Jahr, zwei Jahre ihr Werk zu verschieben; sie können nicht warten. Aus: MA I 61

Wenn die Dankbarkeit vieler gegen einen alle Scham wegwirft, so entsteht der Ruhm. FW 171

Unsere gesellschaftliche Ordnung wird langsam wegschmelzen, wie es alle früheren Ordnungen getan haben, sobald die Sonnen neuer Meinungen mit neuer Glut über die Menschen hinleuchteten. Wünschen kann man dies Wegschmelzen nur, indem man hofft: Und hoffen darf man vernünftigerweise nur, wenn man sich und seinesgleichen mehr Kraft in Herz und Kopf zutraut als den Vertretern des Bestehenden. Gewöhnlich also wird diese Hoffnung eine Anmaßung, eine Überschätzung sein. MA I 443

Dem Umsturz der Meinungen folgt der Umsturz der Institutionen nicht sofort nach, vielmehr wohnen die neuen Meinungen lange Zeit im verödeten und unheimlich gewordenen Hause ihrer Vorgängerinnen und konservieren es selbst, aus Wohnungsnot. MA I 466

Die Missachtung, der Verfall und *der Tod des Staates*, die Entfesselung der Privatperson (ich hüte mich zu sagen: des Individuums) ist die Konsequenz des demokratischen Staatsbegriffes; hier liegt seine Mission. Hat er seine Aufgabe erfüllt – die wie alles Menschliche viel Vernunft und Unvernunft im Schoße trägt –, sind alle Rückfälle der alten Krankheit überwunden, so wird ein neues Blatt im Fabelbuche der Menschheit entrollt, auf dem man allerlei seltsame Historien und vielleicht auch einiges Gute lesen wird. Aus: MA I 472

Wie das Volk bei dem, welcher sich auf das Wetter versteht und es um einen Tag voraussagt, im Stillen annimmt, dass er das Wetter mache, so legen selbst Gebildete und Gelehrte mit einem Aufwand von abergläubischem Glauben großen Staatsmännern alle die wichtigen Veränderungen und Konjunkturen, welche während ihrer Regierung eintraten, als deren eigenstes Werk bei, wenn es nur ersichtlich ist, dass jene etwas davon eher wussten als andere und ihre Berechnung danach machten: Sie werden also ebenfalls als Wettermacher genommen – und dieser Glaube ist nicht das geringste Werkzeug ihrer Macht. MA I 449

Die Menschen verkehren mit ihren Fürsten vielfach in ähnlicher Weise wie mit ihrem Gotte, wie ja vielfach auch der Fürst der Repräsentant des Gottes, mindestens sein Oberpriester war. Diese fast unheimliche Stimmung von Verehrung und Angst und Scham war und ist viel schwächer geworden, aber mitunter lodert sie auf und heftet sich an mächtige Personen überhaupt. Der Kultus des Genius ist ein Nachklang dieser Götter-Fürsten-Verehrung. Überall, wo man sich bestrebt, einzelne Menschen in das Übermenschliche hinaufzuheben, entsteht auch die Neigung, ganze Schichten des Volkes sich roher und niedriger vorzustellen, als sie wirklich sind. MA I 461

Fast jeder Politiker hat unter gewissen Umständen einmal einen ehrlichen Mann so nötig, dass er,

gleich einem heißhungrigen Wolfe, in einen Schaf-
stall bricht: nicht aber um dann den geraubten Wid-
der zu fressen, sondern um sich hinter seinen wol-
ligen Rücken zu verstecken. MA I 470

Ein Staatsmann wird, um völlig rücksichtslos handeln zu können, am besten tun, nicht für sich, sondern für einen Fürsten sein Werk auszuführen. Von
dem Glanze dieser allgemeinen Uneigennützigkeit
wird das Auge des Beschauers geblendet, sodass er
jene Tücken und Härten, welche das Werk des Staats-
mannes mit sich bringt, nicht sieht. MA I 445

Es gibt ein Recht, wonach wir einem Menschen das
Leben nehmen, aber keines, wonach wir ihm das
Sterben nehmen: Dies ist nur Grausamkeit. MA I 88

Man sagt mit großer Auszeichnung: *Das ist ein
Charakter!* – ja! wenn er grobe Konsequenz zeigt,
wenn die Konsequenz auch dem stumpfen Auge
einleuchtet! Aber sobald ein feinerer und tieferer
Geist waltet und auf seine höhere Weise folgerichtig
ist, leugnen die Zuschauer das Vorhandensein des
Charakters. Deshalb spielen verschlagene Staatsmänner ihre Komödie gewöhnlich hinter einem
Decksmantel der groben Konsequenz. M 182

Solange der Staat oder, deutlicher, die Regierung sich als Vormund zugunsten einer unmündigen Menge bestellt weiß und um ihretwillen die Frage erwägt, ob die Religion zu erhalten oder zu beseitigen sei: wird sie höchst wahrscheinlich sich immer für die Erhaltung der Religion entscheiden. Denn die Religion befriedigt das einzelne Gemüt in Zeiten des Verlustes, der Entbehrung, des Schreckens, des Misstrauens, also da, wo die Regierung sich außerstande fühlt, direkt etwas zur Linderung der seelischen Leiden des Privatmannes zu tun: ja selbst bei allgemeinen, unvermeidlichen und zunächst unabwendbaren Übeln (Hungersnöten, Geldkrisen, Kriegen) gewährt die Religion eine beruhigte, abwartende, vertrauende Haltung der Menge.

Aus: MA I 472

In allen Instituten, in welche nicht die scharfe Luft der öffentlichen Kritik hineinweht, wächst eine unschuldige Korruption auf, wie ein Pilz (also zum Beispiel in gelehrten Körperschaften und Senaten).

MA I 468

Jeder weiß jetzt, dass Widerspruch-vertragen-Können ein hohes Zeichen von Kultur ist. Einige wissen sogar, dass der höhere Mensch den Widerspruch gegen sich wünscht und hervorruft, um einen Fin-

gerzeig über seine ihm bisher unbekannte Unge-
rechtigkeit zu bekommen. Aber das Widersprechen-
Können, das erlangte *gute* Gewissen bei der
Feindseligkeit gegen das Gewohnte, Überlieferte,
Geheiligte – das ist mehr als jenes beides und das
eigentlich Große, Neue, Erstaunliche unserer Kul-
tur, der Schritt aller Schritte des befreiten Geistes:
Wer weiß das?   FW 297

Ein Deutscher, der sich erdreisten wollte, zu behaupten *zwei Seelen wohnen, ach! in meiner Brust*, würde
sich an der Wahrheit arg vergreifen, richtiger, hinter
der Wahrheit um viele Seelen zurückbleiben.

Aus: JGB 244

Wenn der Mensch keine Söhne hat, so hat er kein
volles Recht, über die Bedürfnisse eines einzelnen
Staatswesens mitzureden. Man muss selber mit den
anderen sein Liebstes daran gewagt haben: Das erst
bindet an den Staat fest; man muss das Glück seiner Nachkommen ins Auge fassen, also vor allem
Nachkommen haben, um an allen Institutionen
und deren Veränderung rechten, natürlichen
Anteil zu nehmen. Die Entwicklung der höheren
Moral hängt daran, dass einer Söhne hat; dies
stimmt ihn unegoistisch, oder richtiger: Es erwei-
tert seinen Egoismus der Zeitdauer nach und lässt

ihn Ziele über seine individuelle Lebenslänge hinaus mit Ernst verfolgen. MA I 455

Die einen sind aus solchem *Stoffe*, dass es der Gesellschaft erlaubt ist, dies oder jenes aus ihnen zu *machen*: Unter allen Umständen werden sie sich gut dabei befinden und nicht über ein verfehltes Leben zu klagen haben. Andere sind von zu besonderem Stoffe – es braucht deshalb noch kein besonders edler, sondern eben nur ein seltnerer zu sein –, als dass sie nicht sich schlecht befinden müssten, den einzigen Fall ausgenommen, dass sie ihrem einzigen Zwecke gemäß leben können – in allen anderen Fällen hat die Gesellschaft den Schaden davon. Denn alles, was dem Einzelnen als verfehltes, missratenes Leben erscheint, seine ganze Bürde von Missmut, Lähmung, Erkrankung, Reizbarkeit, Begehrlichkeit, wirft er auf die Gesellschaft zurück – und so bildet sich um sie eine schlechte dumpfe Luft und, im günstigsten Falle, eine Gewitterwolke. M 213

Das Schulwesen wird in großen Staaten immer höchstens mittelmäßig sein, aus demselben Grunde, aus dem in großen Küchen bestenfalls mittelmäßig gekocht wird. MA I 467

Das Individuum wird von seinen Erziehern behandelt, als ob es zwar etwas Neues sei, aber eine Wiederholung werden solle.   Aus: MA I 228

Man verdirbt einen Jüngling am sichersten, wenn man ihn anleitet, den Gleichdenkenden höher zu achten als den Andersdenkenden.   M 297

Die Erziehung ist eine Fortsetzung der Zeugung und oft eine Art nachträglicher Beschönigung derselben.
                    M 397

Zur Humanität eines Meisters gehört, seine Schüler vor sich zu warnen.   M 447

Wer von Grund aus Lehrer ist, nimmt alle Dinge nur in Bezug auf seine Schüler ernst – sogar sich selbst.   JGB 63

Der, welcher lernt, *begabt sich selber* – nur ist es nicht so leicht, zu *lernen*, und nicht nur die Sache des guten Willens; man muss lernen *können*.
                    Aus: M 540

Die meisten Menschen sind nichts und gelten nichts, bis sie sich in allgemeine Überzeugungen und öffentliche Meinungen eingekleidet haben, nach der

Schneider-Philosophie: Kleider machen Leute. Von den Ausnahme-Menschen aber muss es heißen: *Erst der Träger macht die Tracht*; hier hören die Meinungen auf, öffentlich zu sein, und werden etwas anderes als Masken, Putz und Verkleidung.

MA II, Vermischte Meinungen und Sprüche 325

Öffentliche Meinungen – private Faulheiten.

MA I 482

ALTER UND VERGÄNGLICHKEIT

Der Mensch mag sich noch so weit mit seiner Erkenntnis ausrecken, sich selber noch so objektiv vorkommen: Zuletzt trägt er doch nichts davon als seine eigene Biografie. MA I 513

Mit der Kraft seines geistigen Blicks und Einblicks wächst die Ferne und gleichsam der Raum um den Menschen: Seine Welt wird tiefer, immer neue Sterne, immer neue Rätsel und Bilder kommen ihm in Sicht. Vielleicht war alles, woran das Auge des Geistes seinen Scharfsinn und Tiefsinn geübt hat, eben nur ein Anlass zu seiner Übung, eine Sache des Spiels, etwas für Kinder und Kindsköpfe. Vielleicht erscheinen uns einst die feierlichsten Begriffe, um die am meisten gekämpft und gelitten worden ist, die Begriffe *Gott* und *Sünde*, nicht wichtiger, als dem alten Manne ein Kinder-Spielzeug und Kinder-Schmerz erscheint – und vielleicht hat dann *der alte Mensch* wieder ein andres Spielzeug und einen andren Schmerz nötig – immer noch Kinds genug, ein ewiges Kind! JGB 57

Die Vergleichung der vier Jahreszeiten mit den vier Lebensaltern ist eine ehrwürdige Albernheit. Weder die ersten zwanzig noch die letzten zwanzig Jahre des Lebens entsprechen einer Jahreszeit: vorausgesetzt dass man sich bei der Vergleichung nicht mit dem Weiß des Haares und Schnees und mit ähnlichen Farbenspielen begnügt. Jene ersten zwanzig Jahre sind eine Vorbereitung auf das Leben überhaupt, auf das ganze Lebensjahr, als eine Art langen Neujahrstages; und die letzten zwanzig überschauen, verinnerlichen, bringen in Fug und Zusammenklang, was nur alles vorher erlebt wurde: so wie man es, in kleinem Maße, an jedem Sylvestertage mit dem ganzen verflossenen Jahre tut. Zwischen inne liegt aber in der Tat ein Zeitraum, welcher die Vergleichung mit den Jahreszeiten nahelegt: der Zeitraum vom zwanzigsten bis zum fünfzigsten Jahre (um hier einmal in Bausch und Bogen nach Jahrzehnten zu rechnen, während es sich von selber versteht, dass jeder nach seiner Erfahrung diese groben Ansätze für sich verfeinern muss). Jene dreimal zehn Jahre entsprechen dreien Jahreszeiten: dem Sommer, dem Frühling und dem Herbste – einen Winter hat das menschliche Leben nicht, es sei denn, dass man die leider nicht selten eingeflochtenen harten, kalten, einsamen, hoffnungsarmen, unfruchtbaren *Krankheitszeiten* die Winterzeiten des Menschen nennen will. Die zwanziger Jahre: heiß, lästig, gewitterhaft, üppig treibend, müde machend, Jahre, in denen man den Tag am Abend, wenn er zu Ende ist, preist und sich dabei die Stirn abwischt: Jahre, in denen die Arbeit uns hart, aber notwendig dünkt – diese zwanziger Jahre sind der *Sommer* des Lebens. Die dreißiger dagegen sind sein *Frühling*: die Luft bald zu warm, bald zu kalt, immer unruhig und anreizend, quellender Saft, Blätterfülle, Blütenduft überall, viele bezaubernde Morgen und Nächte, die Arbeit, zu der der Vogelgesang uns weckt, eine rechte Herzensarbeit, eine Art Genuss der eigenen Rüstigkeit, verstärkt durch vorgenießende Hoffnungen. Endlich die vierziger Jahre: geheimnisvoll, wie alles Stillestehende; einer hohen weiten Berg-Ebene gleichend, an der ein frischer Wind hinläuft; mit einem klaren wolkenlosen Himmel darüber, welcher den Tag über und in die Nächte hinein immer mit der gleichen Sanftmut blickt: die Zeit der Ernte und der herzlichsten Heiterkeit – es ist der *Herbst* des Lebens.   MA II, Der Wanderer und sein Schatten 269

Zwischen dem sechsundzwanzigsten und dreißigsten Jahre liegt bei begabten Menschen die eigentliche Periode der Anmaßung; es ist die Zeit der ersten Reife, mit einem starken Rest von Säuerlichkeit. Man fordert aufgrund dessen, was man in sich fühlt, von Menschen, welche Nichts oder wenig davon sehen, Ehre und Demütigung und rächt sich, weil diese zunächst ausbleiben, durch jenen Blick, jene Gebärde der Anmaßung, jenen Ton der Stimme, die ein feines Ohr und Auge an allen Produktionen jenes Alters, seien es Gedichte, Philosophien oder Bilder und Musik, wiedererkennt. Ältere erfahrene Männer lächeln dazu, und mit Rührung gedenken sie dieses schönen Lebensalters, in dem man böse über das Geschick ist, so viel zu *sein* und so wenig zu *scheinen*. Später *scheint* man wirklich *mehr* – aber man hat den guten Glauben verloren, viel zu *sein*: Man bleibe denn zeitlebens ein unverbesserlicher Narr der Eitelkeit. MA I 599

Die unmittelbare Selbstbeobachtung reicht nicht lange aus, um sich kennenzulernen: Wir brauchen Geschichte, denn die Vergangenheit strömt in hundert Wellen in uns fort; wir selber sind ja nichts als das, was wir in jedem Augenblick von diesem Fortströmen empfinden. Auch hier sogar, wenn wir in den Fluss unseres anscheinend eigensten und persönlichsten Wesens hinabsteigen wollen, gilt Heraklits Satz: Man steigt nicht zweimal in denselben Fluss. Aus: MA II, Vermischte Meinungen und Sprüche 223

Nicht jedes Ende ist das Ziel. Das Ende der Melodie ist nicht deren Ziel; aber trotzdem: Hat die Melodie ihr Ende nicht erreicht, so hat sie auch ihr Ziel nicht erreicht. Ein Gleichnis.

MA II, Der Wanderer und sein Schatten 204

Der Denker und ebenso der Künstler, welcher sein besseres Selbst in Werke geflüchtet hat, empfindet eine fast boshafte Freude, wenn er sieht, wie sein Leib und Geist langsam von der Zeit angebrochen und zerstört werden, als ob er aus einem Winkel einen Dieb an seinem Geldschranke arbeiten sähe, während er weiß, dass dieser leer ist und alle Schätze gerettet sind. MA I 209

Viele Menschen warten ihr Leben lang auf die Gelegenheit, auf *ihre* Art gut zu sein. MA I 558

Das Leben besteht aus seltenen einzelnen Momenten von höchster Bedeutsamkeit und unzählig vielen Intervallen, in denen uns bestenfalls die Schattenbilder jener Momente umschweben. Die Liebe, der Frühling, jede schöne Melodie, das Gebirge, der Mond, das Meer – alles redet nur einmal ganz zum Herzen: wenn es überhaupt je ganz zu Worte kommt. Denn viele Menschen haben jene Momente gar nicht und sind selber Intervalle und Pausen in der Symphonie des wirklichen Lebens. MA I 586

Das Kind sieht ebenso wie der Mann in allem, was erlebt, erlernt wird, Türen: Aber jenem sind es *Zugänge*, diesem immer nur *Durchgänge*.

MA II, Vermischte Meinungen und Sprüche 281

Junge Leute lieben das Interessante und Absonderliche, gleichgültig wie wahr oder falsch es ist. Reifere Geister lieben das an der Wahrheit, was an ihr interessant und absonderlich ist. Ausgereifte Köpfe endlich lieben die Wahrheit auch in dem, wo sie schlicht und einfältig erscheint und dem gewöhnlichen Menschen Langeweile macht, weil sie gemerkt haben, dass die Wahrheit das Höchste an Geist, was sie besitzt, mit der Miene der Einfalt zu sagen pflegt.

MA I 609

Der Tiefsinn gehört der Jugend, der Klarsinn dem Alter zu: Wenn trotzdem alte Männer mitunter in der Art der Tiefsinnigen reden und schreiben, so tun sie es aus Eitelkeit, in dem Glauben, dass sie damit den Reiz des Jugendlichen, Schwärmerischen, Werdenden, Ahnungs- und Hoffnungsvollen annehmen. MA II, Vermischte Meinungen und Sprüche 289

Gerade der Werdende will das Werdende nicht: Er ist zu ungeduldig dafür. Der Jüngling will nicht warten, bis, nach langen Studien, Leiden und Entbehrungen, sein Gemälde von Menschen und Dingen voll werde: So nimmt er ein anderes, das fertig dasteht und ihm angeboten wird, auf Treu und Glauben an, als müsse es ihm die Linien und Farben *seines* Gemäldes vorweg geben, er wirft sich einem

Philosophen, einem Dichter ans Herz und muss nun eine lange Zeit Frondienste tun und sich selber verleugnen. Vieles lernt er dabei: Aber häufig vergisst ein Jüngling das Lernens- und Erkennenswerteste darüber: sich selber; er bleibt zeitlebens ein Parteigänger. Ach, es ist viel Langeweile zu überwinden, viel Schweiß nötig, bis man seine Farben, seinen Pinsel, seine Leinwand gefunden hat! – Und dann ist man noch lange nicht Meister seiner Lebenskunst – aber wenigstens Herr in der eigenen Werkstatt.   MA II, Der Wanderer und sein Schatten 266

Wer jung schon sich ein Verdienst erwirbt, verlernt gewöhnlich dabei die Scheu vor dem Alter und dem Ältern und schließt sich damit, zu seinem größten Nachteil, von der Gesellschaft der Reifen, Reife Gebenden aus: sodass er trotz frühzeitigerem Verdienste länger als andere grün, zudringlich und knabenhaft bleibt.

MA II, Vermischte Meinungen und Sprüche 282

Es jammert uns, wenn wir hören, dass einem Jünglinge schon die Zähne ausbrechen, einem andern die Augen erblinden. Wüssten wir alles Unwiderrufliche und Hoffnungslose, das in seinem ganzen Wesen steckt, wie groß würde erst der Jammer sein! – Weshalb *leiden* wir hierbei eigentlich? Weil die Jugend fortführen soll, was *wir* unternommen haben, und jeder Ab- und Anbruch ihrer Kraft *unserem* Werke, das in ihre Hände fällt, zum Schaden gereichen will. Es ist der Jammer über die schlechte Garantie unserer Unsterblichkeit: oder, wenn wir uns nur als Vollstrecker der Menschheits-Mission fühlen, der Jammer darüber, dass diese Mission in schwächere Hände, als die unsrigen sind, übergehen muss. MA II, Der Wanderer und sein Schatten 268

So wie schlechte Dichter im zweiten Teil des Verses zum Reime den Gedanken suchen, so pflegen die Menschen in der zweiten Hälfte des Lebens, ängstlicher geworden, die Handlungen, Stellungen, Verhältnisse zu suchen, welche zu denen ihres früheren Lebens passen, sodass äußerlich alles wohl zusammenklingt: Aber ihr Leben ist nicht mehr von einem starken Gedanken beherrscht und immer wieder neu bestimmt, sondern an die Stelle desselben tritt die Absicht, einen Reim zu finden. MA I 610

Es spricht nicht gegen die Reife eines Geistes, dass er einige Würmer hat.

MA II, Vermischte Meinungen und Sprüche 353

Die erlangte Reife des Verstandes bekundet sich darin, dass man dorthin, wo seltene Blumen unter den spitzigsten Dornenhecken der Erkenntnis stehen, nicht mehr geht und sich an Garten, Wald, Wiese und Ackerfeld genügen lässt, in Anbetracht wie das Leben für das Seltene und Außergewöhnliche zu kurz ist.

MA II, Vermischte Meinungen und Sprüche 399

Die Pietät, welche wir dem alten Manne entgegenbringen, zumal wenn es ein alter Denker und Weiser ist, macht uns leicht blind gegen die *Alterung seines Geistes*, und es tut immer not, die Merkmale solcher Alterung und Ermüdung aus ihrem Versteck, das heißt: das *physiologische* Phänomen hinter dem moralischen Für- und Vorurteile hervorzuziehen, um nicht die Narren der Pietät und die Schädiger der Erkenntnis zu werden.

Aus: M 542

Ein Jüngling kann nicht begreifen, das ein Älterer seine Entzückungen, Gefühls-Morgenröten, Gedanken-Wendungen und -Aufschwünge auch einmal durchlebt habe: Es beleidigt ihn schon, zu denken, dass sie zweimal existiert hätten – aber ganz feindselig stimmt es ihn, zu hören, dass, um *fruchtbar* zu werden, er jene Blüten verlieren, ihren Duft entbehren müsse.

MA II, Vermischte Meinungen und Sprüche 293

Wenn ein langes Leben und Tun, samt Reden und Schriften, von einer Person öffentlich Zeugnis ablegt, so pflegt der Umgang mit ihr zu enttäuschen, aus doppeltem Grunde: einmal, weil man zu viel von einer kurzen Zeitspanne Verkehrs erwartet – nämlich alles das, was erst die tausend Gelegenheiten des Lebens sichtbar werden ließen –, und sodann, weil jeder Anerkannte sich keine Mühe gibt, im Einzelnen noch um Anerkennung zu buhlen. Er ist zu nachlässig – und wir sind zu gespannt.

MA II, Vermischte Meinungen und Sprüche 235

Der Ton, in dem Jünglinge reden, loben, tadeln, dichten, missfällt dem Ältergewordenen, weil er zu laut ist, und zwar zugleich dumpf und undeutlich wie der Ton in einem Gewölbe, der durch die Leerheit eine solche Schallkraft bekommt; denn das meiste, was Jünglinge denken, ist nicht aus der Fülle ihrer eigenen Natur herausgeströmt, sondern ist Anklang, Nachklang von dem, was in ihrer Nähe gedacht, geredet, gelobt, getadelt worden ist. Weil aber die Empfindungen (der Neigung und Abneigung) viel stärker als die Gründe für jene in ihnen nachklingen, so entsteht, wenn sie ihre Empfindung wieder laut werden lassen, jener dumpfe, hallende Ton, welcher für die Abwesenheit oder die Spärlichkeit von Gründen das Kennzeichen abgibt. Der Ton des reiferen Alters ist streng, kurz abgebrochen, mäßig laut, aber, wie alles deutlich Artikulierte, sehr weittragend. Das Alter endlich bringt häufig eine gewisse Milde und Nachsicht in den Klang und verzuckert ihn gleichsam: In manchen Fällen freilich versäuert sie ihn auch. MA I 613

Wir meinen, das Märchen und das Spiel gehöre zur Kindheit: wir Kurzsichtigen! Als ob wir in irgend-einem Lebensalter ohne Märchen und Spiel leben möchten! Wir nennen's und empfinden's freilich anders, aber gerade dies spricht dafür, dass es das-selbe ist – denn auch das Kind empfindet das Spiel als seine Arbeit und das Märchen als seine Wahr-heit. Die Kürze des Lebens sollte uns vor dem pedan-tischen Scheiden der Lebensalter bewahren – als ob jedes etwas Neues brächte – und ein Dichter einmal den Menschen von zweihundert Jahren, den, der wirklich ohne Märchen und Spiel lebt, vorführen.

MA II, Vermischte Meinungen und Sprüche 270

Durch die sichere Aussicht auf den Tod könnte jedem Leben ein köstlicher, wohlriechender Tropfen von Leichtsinn beigemischt sein – und nun habt ihr wunderlichen Apotheker-Seelen aus ihm einen übel schmeckenden Gift-Tropfen gemacht, durch den das ganze Leben widerlich wird!

MA II, Der Wanderer und sein Schatten 322

Viele sterben zu spät, und einige sterben zu früh. Noch klingt fremd die Lehre: *Stirb zur rechten Zeit!*

Aus: Z, Vom freien Tode

Der natürliche Tod ist der von aller Vernunft unabhängige, der eigentlich *unvernünftige* Tod, bei dem die erbärmliche Substanz der Schale darüber bestimmt, wie lange der Kern bestehen soll oder nicht: bei dem also der verkümmernde, oft kranke und stumpfsinnige Gefängniswärter der Herr ist, der den Punkt bezeichnet, wo sein vornehmer Gefangener sterben soll. Der natürliche Tod ist der Selbstmord der Natur, das heißt die Vernichtung des vernünftigen Wesens durch das unvernünftige, welches an das erstere gebunden ist. Nur unter der religiösen Beleuchtung kann es umgekehrt erscheinen: weil dann, wie billig, die höhere Vernunft (Gottes) ihren Befehl gibt, dem die niedere Vernunft sich zu fügen hat. Außerhalb der religiösen Denkungsart ist der natürliche Tod keiner Verherrlichung wert.

Aus: MA II, Der Wanderer und sein Schatten 185

Und jeder, der Ruhm haben will, muss sich beizeiten von der Ehre verabschieden und die schwere Kunst üben, zur rechten Zeit zu – gehn.

Aus: Z, Vom freien Tode

Es macht mir ein melancholisches Glück, mitten in diesem Gewirr der Gässchen, der Bedürfnisse, der Stimmen zu leben: Wie viel Genießen, Ungeduld, Begehren, wie viel durstiges Leben und Trunkenheit des Lebens kommt da jeden Augenblick an den Tag! Und doch wird es für alle diese Lärmenden, Lebenden, Lebensdurstigen bald so stille sein! Wie steht hinter jedem sein Schatten, sein dunkler Weggefährte! Es ist immer wie im letzten Augenblicke vor der Abfahrt eines Auswandererschiffes: Man hat einander mehr zu sagen als je, die Stunde drängt, der Ozean und sein ödes Schweigen wartet ungeduldig hinter alle dem Lärme – so begierig, so sicher seiner Beute. Und alle, alle meinen, das Bisher sei nichts oder wenig, die nahe Zukunft sei alles: und daher diese Hast, dies Geschrei, dieses Sich-Übertäuben und Sich-Übervorteilen! Jeder will der Erste in dieser Zukunft sein – und doch ist Tod und Totenstille das einzig Sichere und das allen Gemeinsame dieser Zukunft! Wie seltsam, dass diese einzige Sicherheit und Gemeinsamkeit fast gar nichts über die Menschen vermag und dass sie am *weitesten* davon entfernt sind, sich als die Brüderschaft des Todes zu fühlen! FW 278

Man hat schlecht dem Leben zugeschaut, wenn man nicht auch die Hand gesehn hat, die auf eine schonende Weise – tötet. JGB 69

Ein einziger unsterblicher Mensch auf der Erde wäre ja schon genug, um alles andere, das noch da wäre, durch Überdruss an ihm in eine allgemeine Sterbe- und Aufhängewut zu versetzen! Und ihr Erdenbewohner mit euren Begriffelchen von ein paar Tausend Zeitminütchen wollt dem ewigen allgemeinen Dasein ewig lästig fallen! Gibt es etwas Zudringlicheres! Aus: M 211

Bei einem Todesfall braucht man zumeist Trostgründe, nicht sowohl um die Gewalt des Schmerzes zu lindern, als um zu entschuldigen, dass man sich so leicht getröstet fühlt. MA I 510

Wie der Witz mancher Menschen nicht mit der Gelegenheit gleichen Schritt hält, sodass die Gelegenheit schon durch die Türe hindurch ist, während der Witz noch auf der Treppe steht: So gibt es bei andern eine Art von Treppen-Glück, welches zu langsam läuft, um der schnellfüßigen Zeit immer zur Seite zu sein: Das Beste, was sie von einem Erlebnis, einer ganzen Lebensstrecke zu genießen bekommen, fällt ihnen erst lange Zeit hinterher zu, oft nur als ein schwacher gewürzter Duft, welcher Sehnsucht erweckt und Trauer – als ob es möglich gewesen wäre, irgendwann in diesem Element sich recht satt zu trinken. Nun aber ist es zu spät.

MA II, Vermischte Meinungen und Sprüche 352

Bei einem Sterbefalle, dem man zusieht, steigt ein Gedanke regelmäßig auf, den man sofort, aus einem falschen Gefühl der Anständigkeit, in sich unterdrückt: dass der Akt des Sterbens nicht so bedeutend sei, wie die allgemeine Ehrfurcht behauptet, und dass der Sterbende im Leben wahrscheinlich wichtigere Dinge verloren habe, als er hier zu verlieren im Begriffe steht. Das Ende ist hier gewiss nicht das Ziel.

M 349

Wir finden es gewöhnlich erst lange nach dem Tode eines Menschen unbegreiflich, dass er fehlt: bei ganz großen Menschen oft erst nach Jahrzehnten. Wer ehrlich ist, meint bei einem Todesfalle gewöhnlich, dass eigentlich nicht viel fehle und dass der feierliche Leichenredner ein Heuchler sei. Erst die Not lehrt das Nötig-Sein eines Einzelnen, und das rechte Epitaph ist ein später Seufzer.

MA II, Vermischte Meinungen und Sprüche 373

Die ganze Art, wie ein Mensch während seines vollen Lebens, seiner blühenden Kraft an den Tod denkt, ist freilich sehr sprechend und zeugnisgebend für das, was man seinen Charakter nennt; aber die Stunde des Sterbens selber, seine Haltung auf dem Totenbette ist fast gleichgültig dafür. Die Erschöpfung des ablaufenden Daseins, namentlich wenn alte Leute sterben, die unregelmäßige oder unzureichende Ernährung des Gehirns während dieser letzten Zeit, das gelegentlich sehr Gewaltsame des Schmerzes, das Unerprobte und Neue des ganzen Zustandes und gar zu häufig der An- und Rückfall von abergläubischen Eindrücken und Beängstigungen, als ob am Sterben viel gelegen sei und hier Brücken schauerlichster Art überschritten würden – dies alles *erlaubt* es nicht, das Sterben als Zeugnis über den Lebenden zu benützen. Auch ist es nicht wahr, dass der Sterbende im Allgemeinen *ehrlicher* wäre als der Lebende: Vielmehr wird fast jeder durch die feierliche Haltung der Umgebenden, die zurückgehaltenen oder fließenden Tränen- und Gefühlsbäche zu einer bald bewussten, bald unbewussten Komödie der Eitelkeit verführt. Der Ernst, mit dem jeder Sterbende behandelt wird, ist gewiss gar manchem armen verachteten Teufel der feinste Genuss seines ganzen Lebens und eine Art Scha-

denersatz und Abschlagszahlung für viele Entbehrungen gewesen.

MA II, Vermischte Meinungen und Sprüche 88

Leben – das heißt: fortwährend etwas von sich
abstoßen, das sterben will; Leben – das heißt: grau-
sam und unerbittlich gegen alles sein, was schwach
und alt an uns, und nicht nur an uns, wird. Leben –
das heißt also: ohne Pietät gegen Sterbende, Elende
und Greise sein? Immerfort Mörder sein? – Und
doch hat der alte Moses gesagt: *Du sollst nicht töten!*

FW 26

Abgesehen von den Forderungen, welche die Religion stellt, darf man wohl fragen: Warum sollte es
für einen alt gewordenen Mann, welcher die
Abnahme seiner Kräfte spürt, rühmlicher sein,
seine langsame Erschöpfung und Auflösung abzuwarten, als sich mit vollem Bewusstsein ein Ziel zu
setzen? Die Selbsttötung ist in diesem Falle eine
ganz natürliche naheliegende Handlung, welche als
ein Sieg der Vernunft billigerweise Ehrfurcht erwecken sollte: und auch erweckt hat, in jenen Zeiten,
als die Häupter der griechischen Philosophie und
die wackersten römischen Patrioten durch Selbsttötung zu sterben pflegten. Die Sucht dagegen, sich
mit ängstlicher Beratung von Ärzten und peinlichs-

ter Lebensart von Tag zu Tage fortzufristen, ohne Kraft, dem eigentlichen Lebensziel noch näher zu kommen, ist viel weniger achtbar. – Die Religionen sind reich an Ausflüchten vor der Forderung der Selbsttötung: Dadurch schmeicheln sie sich bei denen ein, welche in das Leben verliebt sind.

MA I 80

Du hast es in der Hand zu erreichen, dass all dein Erlebtes: die Versuche, Irrwege, Fehler, Täuschungen, Leidenschaften, deine Liebe und deine Hoffnung, in deinem Ziele ohne Rest aufgehn. Dieses Ziel ist, selber eine notwendige Kette von Kultur-Ringen zu werden und von dieser Notwendigkeit aus auf die Notwendigkeit im Gange der allgemeinen Kultur zu schließen. Wenn dein Blick stark genug geworden ist, den Grund in dem dunklen Brunnen deines Wesens und deiner Erkenntnisse zu sehen, so werden dir vielleicht auch in seinem Spiegel die fernen Sternbilder zukünftiger Kulturen sichtbar werden. Glaubst du, ein solches Leben mit einem solchen Ziele sei zu mühevoll, zu ledig aller Annehmlichkeiten? So hast du noch nicht gelernt, dass kein Honig süßer als der der Erkenntnis ist und dass die hängenden Wolken der Trübsal dir noch zum Euter dienen müssen, aus dem du die Milch zu deiner Labung melken wirst. Kommt das Alter, so merkst du erst recht, wie du der

Stimme der Natur Gehör gegeben, jener Natur, welche die ganze Welt durch Lust beherrscht: Dasselbe Leben, welches seine Spitze im Alter hat, hat auch seine Spitze in der Weisheit, in jenem milden Sonnenglanz einer beständigen geistigen Freudigkeit; beiden, dem Alter und der Weisheit, begegnest du auf einem Bergrücken des Lebens, so wollte es die Natur. Dann ist es Zeit und kein Anlass zum Zürnen, dass der Nebel des Todes naht. Dem Lichte zu – deine letzte Bewegung; ein Jauchzen der Erkenntnis – dein letzter Laut.   Aus: MA I 292

Man soll vom Leben scheiden wie Odysseus von Nausikaa schied – mehr segnend als verliebt.

JGB 96

Stürme sind meine Gefahr: Werde ich meinen Sturm haben, an dem ich zugrunde gehe, wie Oliver Cromwell an seinem Sturme zugrunde ging? Oder werde ich verlöschen wie ein Licht, das nicht erst der Wind ausbläst, sondern das seiner selber müde und satt wurde – ein ausgebranntes Licht? Oder endlich: Werde ich mich ausblasen, um nicht auszubrennen? –   FW 315

Langsam, langsam hart werden wie ein Edelstein – und zuletzt still und zur Freude der Ewigkeit liegen bleiben.   M 541